HISPANOAMÉRICA

DOS

Mississippi

Golfo de México

Nueva Orleans
(New Orleans)

Miami

Islas Bahamas BAHAMAS

La Habana

CUBA

Mérida

cruz

P.de Yucatán

Santiago de Cuba

HAITÍ

PUERTO
RICO

San Juan

Santo Domingo

REPÚBLICA
DOMINICANA

JAMAICA

Mar Caribe

Antillas Menores

BELIZE

GUATEMALA

HONDURAS

atemala

Tegucigalpa

San Salvador

NICARAGUA

L SALVADOR

Managua

San José

COSTA RICA

Panamá

PANAMÁ

Maracaibo

Cartagena

Lago de Maracaibo

Caracas

Puerto España
(Port of Spain)

TRINIDAD Y
TOBAGO

Magdalena

VENEZUELA

Ciudad
Bolívar

LLANOS

Orinoco

GUYANA

Medellín

SURINAM

Guayana Francesa

Buenaventura

Bogotá

COLOMBIA

Arch. de Colón
(Is.Galápagos)

Quito

ECUADOR

Cotopaxi

Chimborazo

Guayaquil

Amazonas

Manaus

Belém

Fortaleza

Chiclayo

Cajamarca

Trujillo

CORDILLERA

BRASIL

San Francisco

Recife

Callao

Lima

PERÚ

DE

Cuzco

BOLIVIA

L.Titicaca

Arequipa

La Paz

EL ALTIPLANO

Cochabamba

Sucre

Santa Cruz
de la Sierra

Salvador

Brasilia

Belo Horizonte

Potosí

Paraguay

Paraná

São Paulo

Rio de Janeiro

LOS

PARAGUAY

Antofagasta

Salta

Asunción

Curitiba

Santos

CHILE

San Miguel
de Tucumán

Paraná

Porto Alegre

Uruguay

ANDES

Santa Fe

Córdoba

Paraná

Aconcagua

URUGUAY

Valparaíso

San Juan

Rosario

Santiago

Mendoza

Buenos Aires

La Plata

Montevideo

Río de la Plata

Concepción

Colorado

Mar del Plata

Negro

Temuco

ARGENTINA

Puerto Montt

PATAGONIA

Comodoro Rivadavia

Océano Pacífico

Océano Atlántico

Is.Malvinas
(Falkland)

Estrecho de Magallanes

Punta Arenas

Tierra del Fuego

Is.Georgias del Sur

Ushuaia

C.de Hornos

オーディオ AUDIO ダウンロード

 音声再生アプリ 「リスニング・トレーナー」（無料）

朝日出版社開発のアプリ、「リスニング・トレーナー（リストレ）」を使えば、教科書の音声をスマホ、タブレットに簡単にダウンロードできます。どうぞご活用ください。

まずは 「リストレ」 アプリをダウンロード

≫ App Store はこちら

≫ Google Play はこちら

アプリ【リスニング・トレーナー】の使い方

① アプリを開き、「コンテンツを追加」をタップ

② QR コードをカメラで読み込む

③ QR コードが読み取れない場合は、画面上部に 55116 を入力し「Done」をタップします

QR コードは㈱デンソーウェーブの登録商標です

Web オーディオ AUDIO ストリーミング

https://text.asahipress.com/free/spanish/elelaba1a2

Español
ELE*lab*
Universidad de Salamanca

A1
A2

Versión japonesa

エレラボA1-A2

Juan Felipe García Santos
(director)

Gloria García Catalán
Alba Mª Hernández Martín
Antonio Re

Enrique Almaraz Romo
Noriko Hamamatsu
Yuhei Yasutomi

朝日出版社
Editorial ASAHI

EDICIONES UNIVERSIDAD DE SALAMANCA

本書はスペインのサラマンカ大学学術政策及び社会連携推進部局により学術的質が保証されているものである。
La Universidad de Salamanca avala la calidad científica de la obra, a través de su Vicerrectorado de Política Académica y Participación Social.

Español ELElab Universidad de Salamanca : nivel A1-A2
Original edition ©2013 by Ediciones Universidad de Salamanca
All rights reserved.

Japanese edition ©2020 by Asahi press
All rights reserved.

Printed in Japan

本書は若者から年長者まで、すべての年齢層を対象にしたスペイン語の入門テキストです。ヨーロッパ言語共通参照枠（Marco común europeo de referencia）に準拠し、セルバンテス文化センター編纂のレベル別学習ガイドライン『スペイン語のためのヨーロッパ言語共通参照枠指導要項』（*Plan Curricular* del Instituto Cervantes）に対応しています。サラマンカ大学が長年にわたって培ってきた、外国人を対象としたスペイン語教育の幅広い知見と経験が十分に活かされています。

『Español ELElab A1-A2』は多岐にわたるスペイン語学習者の学習環境を考慮し、柔軟性を持たせた、機能的で使いやすい教科書です。学習者自身に実際のコミュニケーションの場面に登場する人物になって練習してもらうことで、スペイン語とスペイン語圏の文化に関する知識と力を身につけられる構成になっています。

コミュニケーションスキルの練習問題は学習順序を考慮して、各課にバランスよく配置されています。また、スペイン語圏諸国の文化の一端に触れてもらうことで、学習者を異文化体験の世界に誘います。

Este manual de español está destinado a jóvenes y adultos y se ha elaborado de acuerdo con el *Marco común europeo de referencia*, teniendo en cuenta el *Plan Curricular* del Instituto Cervantes y, de manera especial, la amplia experiencia acumulada por la Universidad de Salamanca en la enseñanza de español a extranjeros.

Español ELElab A1-A2 es un manual flexible, dinámico y fácil de usar que se adapta a los distintos contextos de aprendizaje. La propuesta didáctica sitúa al estudiante como protagonista y le ofrece, a través de situaciones comunicativas reales, las competencias lingüísticas y culturales necesarias para desenvolverse en español.

La secuenciación de contenidos lingüísticos y el trabajo con las distintas destrezas comunicativas, orales y escritas, son equilibrados en cada unidad. Además, se ofrecen aspectos culturales del mundo hispánico y se invita a los estudiantes a la reflexión intercultural.

学習活動で練習するスキル En cada actividad se trabajan una o varias destrezas:	スピーキング **Expresión oral** 	ライティング **Expresión escrita** 	リスニング **Comprensión auditiva** 	リーディング **Comprensión lectora**

自主学習のために Para favorecer y completar el trabajo autónomo del estudiante, el manual cuenta con:	文法ガイド　**Apéndice gramatical** 	オーディオ　**Audio**

各セクションの構成　¿Qué vas a encontrar en *Español ELElab A1-A2*?

『Español ELElab A1-A2』は各課10ページからなる、12のユニットで構成され、スペイン語学習の筋道がたどれるようになっています。

Español ELElab A1-A2 tiene 12 unidades didácticas, de 10 páginas cada una, y está concebido como un camino que guía hacia el español:

En marcha（はじめに）

この課で学ぶテーマと関連する文化事象や表現を見開き2ページで紹介。
Dos páginas de sensibilización léxico-cultural y de introducción al tema de la unidad.

この課で学習する語彙と文法、到達目標。
Los objetivos funcionales y los contenidos léxicos y gramaticales de la unidad.

スペイン語圏文化に関連する学習活動。
Actividades con referencias culturales de España e Hispanoamérica.

口頭表現の練習と異文化理解を深める活動。
Actividades de interacción oral y de reflexión intercultural.

Paso a paso（一歩ずつ）

ここは文法に関する
内容を表と例で示し
てあります。

Aquí se presentan
los contenidos
gramaticales de
forma esquemática
y con ejemplos.

この枠内にはコミュ
ニケーションに役立
つ表現が書かれて
います。

En estos cuadros
encontrarás
recursos lingüísticos
útiles para la
comunicación.

次のページからはPaso a pasoが2～4のセク
ションで構成されており、それぞれのセクション
で4技能を磨いていきます。

Cada unidad está compuesta de un número
variable de *Paso a paso*. En cada uno de ellos
se trabaja una función.

このマークのある文法知識は巻末の
「文法ガイド」を参照。

Podrás completar la información
gramatical en el apéndice.

クリップマークの註には、文法の
補足や例文、文化情報が出ています。

Con las notas podrás ampliar
la gramática, los ejemplos y la
información cultural.

このセクションでは、Paso a paso
で学習したスキルと表現、文法を
総合的に仕上げる練習をします。

En este apartado encontrarás
actividades que integran los
contenidos funcionales, léxicos y
gramaticales del *Paso a paso*.

¡Desde aquí suena bien!
（聴いてみよう!）は音声と正
書法を補完する
セクションです。

¡Desde aquí suena bien!
son apartados dedicados a
fonética y ortografía que se
integran en el conjunto de
la unidad.

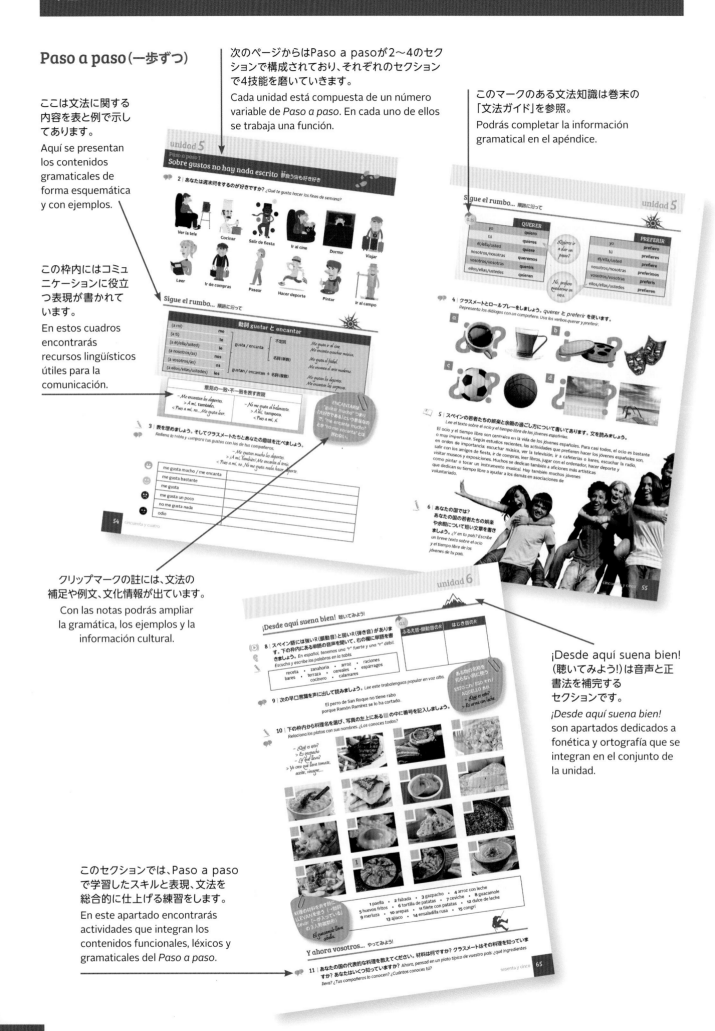

Recta final（最後の仕上げ）

各課の最後の2ページは、復習とまとめ、発展的学習の
ページです。

Son las páginas finales de cada unidad. Las actividades
repasan, resumen y amplían los contenidos de la
unidad.

教具・教材を使用する学習活動もあります。先生の指示に従ってください。
Para realizar algunas actividades necesitarás el material anexo.

7課と12課のRecta final は本書の前半部（1課〜7課）と後半部（8課〜12課）を包括する総合的な練習です。
Los *Recta final* de las unidades 7 y 12 son tareas globales que recogen contenidos de las unidades anteriores.

ようこそ
¡BIENVENIDOS!

En marcha

1 | 音声を聞いて繰り返しましょう。
Escucha y repite.

a

¡Hola a todos! ¡Bienvenidos a la clase de español!

b

¡Hola, Carmen!

¡Hola, Sara!

c

¡Hola, Javi!

¿Qué tal, Jorge?

2 | "buenos días", "buenas tardes", "buenas noches"の挨拶はどんな時間帯に使われますか？
画像と時間を結びつけましょう。 *¿Cuándo decimos "buenos días", "buenas tardes" y "buenas noches"?*
Relaciona cada imagen con su hora.

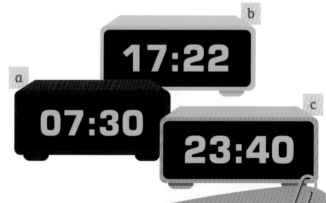

"adiós"や"hasta luego"は、知人とすれ違う時に、挨拶として使われる。

En español es normal decir "adiós" o "hasta luego", como saludo, cuando nos cruzamos con alguien conocido y no iniciamos una conversación.

3 | 出会いの挨拶と別れの挨拶を覚えましょう。

¿Sabes qué decimos para saludarnos? ¿Y para despedirnos?

出会いの挨拶	別れの挨拶
hola	*adiós*
....	....

unidad 1
Paso a paso 1
Encantado de conocerte 初めまして

4 | 音声を聞いて読みましょう。 *Escucha y lee.*

a

¡Hola! Soy Pedro.

Yo me llamo Juan.

Igualmente.

Encantado.

b

Mucho gusto, Silvia.

Mira, Juan. Esta es Silvia.

Encantada.

c

¿Es usted el señor Arrieta?

Sí, soy yo. Encantado.

Soy Carmen Mota. Encantada.

d

¡Hola, María!

Hola, Ana. ¿Qué tal?

e

Buenos días, Marisa.

Buenos días, Teresa.

5 | ここに注意! どのように挨拶する? *¡Fíjate! ¿Cómo saludamos?*

ドス・ベソス(二回頬を寄せ合うチークキス) *dos besos* 　　握手 *la mano*

男性同士は ＿＿＿＿＿＿＿＿。
女性同士はインフォーマルな場面では ＿＿＿＿＿＿＿＿＿。そしてフォーマルな場面では ＿＿＿＿＿＿＿＿。
男性と女性がインフォーマルな場面では ＿＿＿＿＿＿＿＿＿。しかし、フォーマルな場面では ＿＿＿＿＿＿＿＿。

Sigue el rumbo... 順路に沿って

G.11.1

	SER	LLAMARSE
yo	soy	me llamo
tú	eres	te llamas
él/ella/usted	es	se llama
nosotros/nosotras	somos	nos llamamos
vosotros/vosotras	sois	os llamáis
ellos/ellas/ustedes	son	se llaman

¿Cómo te llamas?
¿Quién eres?
¿Qué eres?

質問文や感嘆文は、書くときに「¿?」「¡!」を忘れないで!
Cuando escribas, no te olvides de poner

¿? ¡!

¡Hola! ¿Qué tal?

6 | あなたは誰? 先生の指示に従って、箱から紙を取って、それに記してある人になって自己紹介の挨拶をしましょう。 *¿Y tú? ¿Quién eres? Saca un papel de la caja, saluda y preséntate. Sigue las instrucciones de tu profesor.*

Sigue el rumbo... 順路に沿って

指示詞（Ⅰ）

Esta es Lidia.
Es profesora.

Este es Paco.
Es camarero.

Estas son Clara y
Diana. Son mis
hermanas.

Estos son Rubén,
Pablo y Javier.
Son mis amigos.

Estos son mis
compañeros de
clase: Alice, Liz,
Robert, Frank,...

	単数	複数
男性	**este**	**estos**
女性	**esta**	**estas**

G.3

性と数		
	単数	複数
男性	amig**o**	amig**os**
女性	amig**a**	amig**as**

7 | 枠内の単語を該当する欄に書きましょう。　*Coloca cada palabra en su lugar.*

Este	Estos	Esta	Estas
....	....	....	....
....	....	....	....
....	....	....	....
....	....	....	....
....	....	....	....

clase • estudiantes • periódico • lápiz • hoja • bolígrafo • diccionarios • gafas • cuaderno botella • ventanas • puertas • teléfonos • papelera • libros

Y ahora vosotros... やってみよう!

8 | 自己紹介をした後、クラスメートを紹介しましょう。　*Ahora preséntate y presenta a tus compañeros.*

*Ella se llama Victoria
y es abogada.
Yo soy Hannah y soy
estudiante.
¿Y tú, cómo te llamas?
¿Qué eres?*

*Ella se llama Victoria
y es abogada.
Esta es Hannah y es estudiante.
Y yo me llamo Thiago
y soy informático.
¿Y tú, cómo te llamas?
¿Qué eres?*

Los números

0	cero
1	uno
2	dos
3	tres
4	cuatro
5	cinco
6	seis
7	siete
8	ocho
9	nueve
10	diez
11	once
12	doce
13	trece
14	catorce
15	quince
16	dieciséis
17	diecisiete
18	dieciocho
19	diecinueve
20	veinte
21	veintiuno
22	veintidós
23	veintitrés
24	veinticuatro
25	veinticinco
26	veintiséis
27	veintisiete
28	veintiocho
29	veintinueve
30	treinta
31	treinta y uno
32	treinta y dos
33	treinta y tres
...	
40	cuarenta
50	cincuenta
60	sesenta
70	setenta
80	ochenta
90	noventa
100	cien

9 | 音声を聞いて空欄を埋めましょう。

Escucha y completa.

Disculpe, faltan algunos datos. ¿Cómo se apellida?

HOTEL MADRID

NOMBRE: *María*
APELLIDO(S):
EDAD: SEXO: *Mujer*
PROFESIÓN: *Profesora*
ESTADO CIVIL: *Casada*
DOMICILIO: *c/ Sierpes Nº 10*
CÓDIGO POSTAL: *41001*   CIUDAD: *Sevilla*
TELÉFONO:
CORREO ELECTRÓNICO: *msq@ele.com*
NACIONALIDAD: *Española*

Sigue el rumbo... 順路に沿って

TENER	
yo	**tengo**
tú	**tienes**
él/ella/usted	**tiene**
nosotros/nosotras	**tenemos**
vosotros/vosotras	**tenéis**
ellos/ellas/ustedes	**tienen**

G.15

– *¿Cuántos años tienes?*
> *Tengo veintisiete años.*

10 | 次の質問に答えましょう。 *Lee las preguntas y responde.*

¿Cuántos años tienes?

....

¿Cuántos años tiene tu pareja?

....

¿Cuántos años tienen tus compañeros?

....

¿Cuántos años tiene tu cantante favorito?

....

¿Cuántos años tiene tu profesor?

....

¿Cuántos años tiene tu mascota?

....

11 | ビンゴ!空欄に数字を書いて、先生の言う数字を聞きましょう。誰が勝つかな？

¡Bingo! Elige tus números y escucha. ¿Quién es el ganador?

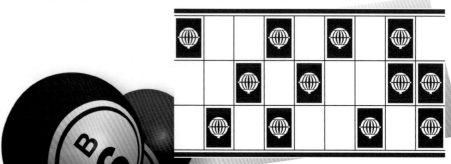

12 | これらの人はどこの出身か知っていますか? *¿Sabes de dónde son estas personas?*

| Nelson Mandela | Frida Kahlo | William Shakespeare | Abraham Lincoln | Umeko Tsuda | Pablo Picasso |

– *¿De dónde eres?*
> *Soy de España. Soy de Salamanca.*

– *¿Nelson Mandela es de Ghana?*
> *No, es de Sudáfrica.*

13 | あなたはどこの国の出身?先生は? *¿Y tú de qué país eres? ¿Y tu profesor?*

Las nacionalidades

単数		複数	
男性	**女性**	**母音 + s** chin**os**, rus**as**	
-o chin**o** rus**o** brasileñ**o**	**-a** chin**a** rus**a** brasileñ**a**	**子音 + es** portugue**ses**, español**es**	
- 子音 alem**án** portugu**és** español	**- 子音 + a** alem**ana** portugue**sa** español**a**	– *¿De dónde eres?* > *Soy francés.* > *Soy de Francia.*	
No cambian estadounid**ense**, belg**a**, marroqu**í**			

Y ahora vosotros... やってみよう!

14 | 3人の有名人を挙げ、国籍、出身地、年齢、職業を例にならって言いましょう。 *Elige a tres personas famosas y di: sus nacionalidades, de qué ciudad son, cuántos años tienen y qué son. Sigue el ejemplo:*

Nelson Mandela es sudafricano, de Mvezo, tiene...

15 | ここは皆さんがスペイン語を学んでいる教室です。教室にある物の名前を知っていますか? 図中に名前を記入しましょう。 *Aquí tienes una clase de español. ¿Conoces el nombre de los objetos? Escríbelo en la imagen.*

– ¿Cómo se dice ✐ en español?
– ¿Cómo se escribe pizarra?
– ¿Qué significa "ratón" en español?
– Perdona, ¿puedes repetir?
– ¿Puedes hablar más despacio, por favor?
– ¿Puedes deletrearlo?

Sigue el rumbo... 順路に沿って

G.1

EL ALFABETO

A	B	C	D	E	F	G	H	I
a	b	c	d	e	f	g	h	i
(a)	(be)	(ce)	(de)	(e)	(efe)	(ge)	(hache)	(i)
árbol	beso	centro	dado	estudiante	fútbol	gato	hotel	Italia
J	K	L	M	N	Ñ	O	P	Q
j	k	l	m	n	ñ	o	p	q
(jota)	(ka)	(ele)	(eme)	(ene)	(eñe)	(o)	(pe)	(cu)
jamón	ketchup	leche	manzana	naranja	España	ojo	puerta	queso
R	S	T	U	V	W	X	Y	Z
r	s	t	u	v	w	x	y	z
(erre)	(ese)	(te)	(u)	(uve)	(uve doble)	(equis)	(i griega, ye)	(zeta)
radio	sal	teléfono	Uruguay	viento	kiwi	taxi	yogur	zapato

16 | クラスメートにメールアドレスを聞いて、それをメモしましょう。 *Pregunta a tus compañeros su correo electrónico y apúntalo.*

スペリングを言いましょう
"Deletrear" significa decir todas las letras de una palabra.

–Deletrea la palabra "ventana".
> uve, e, ene, te, a, ene, a.

– ¿Cuál es tu correo electrónico?
> john_mcbride@mail.edu
– ¿Puedes deletrearlo, por favor?
> Sí. Jota, o, hache, ene, guion bajo, eme, ce, be, erre, i, de, e, arroba, eme, a, i, ele, punto, e, de, u.

@ arroba	_ guion bajo	- guion	. punto

17 | 綴りを聞いて単語を完成させましょう。 *Escucha el deletreo y completa las palabras.*

_u_ _arr_s

f_ _ s_a

_i_ros

_ _ ua

m_ _il

mo_ _i_ _

_er_e_a_

_l_ _a

ici _et_

c_ _é_

Sigue el rumbo... 順路に沿って

G.5	定冠詞		El gato
	単数	複数	La naranja
男性	el	los	Los teléfonos
女性	la	las	Las puertas

18 | 練習17で答えたそれぞれの単語に定冠詞を付けましょう。

Ahora escribe el artículo que corresponde a cada palabra de la actividad 17. Fíjate en el ejemplo:

Las guitarras

Y ahora vosotros... やってみよう!

19 | チームでPasapalabraでゲームをしましょう。あなたは
いくつの単語を覚えていますか?もし助けが必要
なら、先生に聞きましょう。

Ahora, en equipos, jugamos al Pasapalabra.
¿Cuántas palabras recordáis? Si necesitáis
ayuda, preguntad a vuestro profesor.

– *Empieza por A...*
> *Agua, Árbol...*

– *Contiene la W...*
> *Kiwi...*

20 | 音声を聞いてテキストを読みましょう。全ての単語を理解できますか?次に、地図を見て、下の表を完成させましょう。 *Escucha y lee el texto. ¿Comprendes todas las palabras? Después, fíjate en el mapa y completa el cuadro.*

El español es una de las lenguas más importantes del mundo: es el idioma oficial de 21 países, pero tiene presencia en muchos otros. El Instituto Cervantes dice que es la segunda lengua más hablada del mundo y la segunda más estudiada. El 90% del español se habla en América, el 9% en España y el 1% en otros lugares como, por ejemplo, el Sáhara o Guinea Ecuatorial, en África; Andorra, al norte de España o Filipinas, en Asia. ¡Bienvenidos al Español! Pronto podrás comunicarte con casi 500 millones de personas en todo el mundo.

● スペイン語圏
● スペイン語話者人口が 10%以上の国々
● スペイン語話者人口が 1%から 10%の国々
● スペイン語話者が多い地域

¿De qué país son los...?

bolivianos	guatemaltecos	uruguayos	venezolanos	panameños	ecuatorianos	nicaragüenses

21 | 次の問いに答えましょう。 *Contesta a estas preguntas.*

a) El español es la segunda lengua más hablada del mundo, ¿cuál es la primera?

b) El español es la segunda lengua más estudiada del mundo, ¿cuál es la primera?

c) ¿Cuál es el país con más hablantes nativos de español?

22 | 「～人」と言って、その国の出身者を表しますが、それに相当するスペイン語は?
次の国の国籍を持っている人たちのことを何と言うでしょうか。 *¿Cómo se llaman los habitantes de..?*

Perú		México	
Cuba		Chile	
Argentina		Canadá	
Brasil		Marruecos	

23 | 人称代名詞が記入してあるサイコロを振り、出た目(人称代名詞)を主語にして文を作りましょう。先生の指示に従ってください。 *Tira el dado de los pronombres y forma frases. Sigue las instrucciones de tu profesor.*

24 *Preguntas y Respuestas*というクイズ番組の参加者が自己紹介をします。音声を聞いて参加者の名前・出身・年齢・職業を書きましょう。 *Los concursantes del programa "Preguntas y respuestas" se presentan. Escucha el audio y escribe sus datos personales.*

CONCURSANTE *1*

¿Cómo se llama?

¿De dónde es?

¿Cuántos años tiene?

¿Qué es?

CONCURSANTE *2*

¿Cómo se llama?

¿De dónde es?

¿Cuántos años tiene?

¿Qué es?

CONCURSANTE *3*

¿Cómo se llama?

¿De dónde es?

¿Cuántos años tiene?

¿Qué es?

Y ahora vosotros... やってみよう!

 25 これはサラマンカ大学インターナショナルコースの「言語・文化コース」に入学するための申込用紙です。必要事項を記入しましょう。 *Rellena el formulario con tus datos para inscribirte en los "Cursos de Lengua y Cultura Españolas" de Cursos Internacionales de la Universidad de Salamanca.*

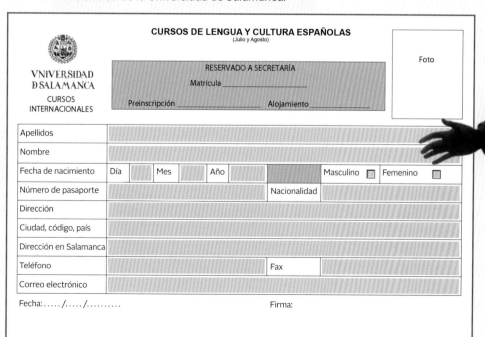

日常生活
DÍA A DÍA

En marcha

1 | 1～4は、a～dの人が木曜日に行うことが書いてあるメモ
です。音声を聞いて、メモとその人物を結びつけましょう。
Escucha y une a cada persona con lo que hace todos los jueves.

a

b

c

d

1
24
Por la mañana:
Trabajo en el hospital.

Por la tarde:
Deporte:
De seis a siete: gimnasio.
De siete a ocho: piscina

2
Tareas de los jueves
- Hacer la compra √
- Limpiar la casa
- Hacer la comida
Por la noche: cine con Sara

3
Jueves
8.30 - 14.30: ¡Colegio!
16.00: clases de inglés
18.00: fútbol
20.00: deberes
Viernes

4
J
11.00: hablar con Marta
por Skype (hora libre en
su trabajo).
Curso on-line (1 hora)

2 | あなたは月曜から金曜まで何をしていますか? 枠内の新出単語を使って答えましょう。

¿Y tú qué haces de lunes a viernes? Utiliza las palabras nuevas.

ir a clase • ir al cine • ir al trabajo • ir al gimnasio • ir al médico • limpiar la casa
hacer la compra • salir con amigos • jugar al fútbol

Lunes	Por la mañana:
	Por la tarde:
	Por la noche:
Martes	Por la mañana:
	Por la tarde:
	Por la noche:
Miércoles	Por la mañana:
	Por la tarde:
	Por la noche:
Jueves	Por la mañana:
	Por la tarde:
	Por la noche:
Viernes	Por la mañana:
	Por la tarde:
	Por la noche:

 3 | 週末は何をしますか? *¿Y qué haces los fines de semana?*

Sábado	Por la mañana:
	Por la tarde:
	Por la noche:
Domingo	Por la mañana:
	Por la tarde:
	Por la noche:

 4 | あなたの誕生日はいつですか? クラスメートの誕生日は? カレンダーに印を付けましょう。

¿Cuándo es tu cumpleaños? ¿Y el de tus compañeros? Señálalo en el calendario.

Mi cumpleaños es...
en agosto
el 22 de agosto
el jueves, 22 de agosto

5 | ラウラはどのように日々を過ごしていますか? 音声を聞いて行動の順に写真に番号を記入しましょう。

¿Cómo vive Laura su día a día? Escucha y ordena las imágenes.

 a ☐

 b ☐

 c 1

 d ☐

 e ☐

 f ☐

 g ☐

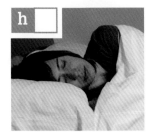 h ☐

Sigue el rumbo... 順路に沿って

G.14

直説法現在　規則活用動詞

	DESAYUNAR	COMER	VIVIR	DUCHARSE
yo	desayuno	como	vivo	me ducho
tú	desayunas	comes	vives	te duchas
él/ella/usted	desayuna	come	vive	se ducha
nosotros/nosotras	desayunamos	comemos	vivimos	nos duchamos
vosotros/vosotras	desayunáis	coméis	vivís	os ducháis
ellos/ellas/ustedes	desayunan	comen	viven	se duchan

G.15

直説法現在　不規則活用する動詞の例

HACER	hago	ACOSTARSE	me acuesto	JUGAR	juego
IR	voy	DORMIR	duermo	PENSAR	pienso
SALIR	salgo	VOLVER	vuelvo	EMPEZAR	empiezo

6 | 枠内の動詞を活用させて空欄を埋め、文章を完成し、読みましょう。　*Lee y completa.*

> pensar • jugar • tener • llamarse • dormir • vivir • tener • volver

Manolito García Moreno es un niño de ocho años que .... con su familia en Carabanchel Alto (Madrid). Allí todo el mundo le llama Manolito Gafotas porque .... gafas. Manolito .... que todas las personas importantes tienen un mote.

Manolito .... con sus amigos en el Parque del Ahorcado y todos los días .... a casa con las gafas rotas.

El abuelo de Manolito .... Nicolás Moreno y .... ochenta años. Manolito .... todas las noches con él.

Adaptado de *Manolito Gafotas.*

7 | ホセの家族は通常何をしていますか? 吹き出しの中の文を完成させましょう。あなたの家族はどうですか?

¿Qué hacen normalmente los miembros de la familia de José? Completa. Y, ¿qué hacen los miembros de tu familia?

comer • ayudar • jugar • escribir • visitar • hablar

Normalmente .... en casa.

Nunca .... mal de los demás.

Siempre .... a los demás.

Cada domingo .... a mis abuelos.

.... al fútbol todos los fines de semana.

Casi siempre .... a mano.

Sigue el rumbo... 順路に沿って

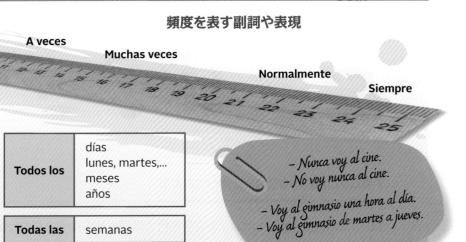

頻度を表す副詞や表現

Nunca

A veces

Muchas veces

Normalmente

Siempre

Los	lunes martes miércoles jueves viernes sábados domingos fines de semana

Todos los	días lunes, martes,... meses años

Todas las	semanas

– Nunca voy al cine.
– No voy nunca al cine.

– Voy al gimnasio una hora al día.
– Voy al gimnasio de martes a jueves.

8 | あなたは普段何をしますか? あなたのクラスメートは? *¿Qué haces normalmente? ¿Y tus compañeros?*

	nunca	a veces	muchas veces	siempre	todos/as...
hacer deporte					
conectarse a internet					
hacer la compra					
ir al cine					
comer fuera de casa					
tocar la guitarra					

9 | 先生の指示に従い、カードを使ってゲームをしましょう。

Sigue las instrucciones que te da tu profesor y juega a las cartas.

¡Desde aquí suena bien! 聴いてみよう!

[k] の発音表記: **c + a, o, u / qu + e, i** → *casa, queso*

[θ] の発音表記: **z + a, o, u / c + e, i** → *zapato, cielo*

[x] の発音表記: **j + a, e, i, o, u / g + e, i** → *jarra, jefe, gemelo*

[g] の発音表記: **gu + e, i / g + a, o, u** → *guitarra, gato*

[ʧ] の発音表記: **ch + a, e, i, o, u** → *chaqueta, leche*

h はスペイン語では発音しない。 → *hola, ola*
b と **v** は同じ音。 → *baca, vaca*

10 | 音声を聴いて対応する絵の下にスペリングを書きましょう。 *Escucha y completa.*

....

Y ahora vosotros... やってみよう!

11 | c, qu, z, j, g, gu, ch, h, b, v の文字を持つ単語を絵の中から見つけましょう。その後それらを書きましょう。

*Encuentra en el dibujo palabras que tengan las letras: **c**, **qu**, **z**, **j**, **g**, **gu**, **ch**, **h**, **b** y **v**. Después, escríbelas.*

Paso a paso 2
¿Estudias o trabajas? 学生? それとも社会人?

12 | スサナとミケルはバルで話をしています。音声を聴いて答えましょう。 *Susana y Mikel hablan en un bar.*
Escucha y contesta.

1. ¿Qué hace Susana en Bilbao?
　a. Trabaja de traductora.
　b. Estudia traducción en la universidad.
　c. Hace turismo.

2. ¿Qué lenguas habla Susana?
　a. Español, inglés, francés y alemán.
　b. Español, inglés, vasco y catalán.
　c. Español, inglés, alemán y vasco.

3. ¿Cuándo es el cumpleaños de Susana?
　a. El 24 de abril.
　b. El 7 de abril.
　c. El 23 de abril.

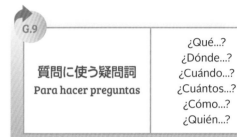

G.9

質問に使う疑問詞
Para hacer preguntas

¿Qué...?
¿Dónde...?
¿Cuándo...?
¿Cuántos...?
¿Cómo...?
¿Quién...?

13 | ミケルとカルメンのチャットの一部です。cómo, dónde, dónde, qué, cuándo, cuántos, quién を使ってチャットを完成させましょう。 *Aquí tienes parte de la conversación por internet entre Mikel y Carmen.*
Completa con: cómo, dónde, dónde, qué, cuándo, cuántos y quién.

Chat

Carmen ¿..................... se llama?

Mikel Susana.

Carmen Sí, conozco a varias chicas que se llaman Susana. ¿........................... años tiene?

Mikel 23 y vive aquí en Bilbao.

Carmen ¿Pero de .... es?

Mikel Es de Colombia, pero habla vasco muy bien. Estudia traducción en tu facultad.

Carmen ¡Ah! Vale. Es Susana, la colombiana.

Mikel Y también trabaja.

Carmen ¿Sí? ¿..................... trabaja?

Mikel En un súper. 3 horas al día. Oye… ¿Sabes .... vuelve a Colombia?

Carmen En septiembre. ¿Te gusta? ♥ ♥ ♥

Mikel ¿.............? ¿Susana?

Carmen Sí, Susana ♥ ♥ ♥ jajaja

Mikel ☺ Esta tarde voy al cine con ella.

Carmen ¡Ah!, ¿sí? ¿............. película vais a ver?

Mikel La última de Almodóvar

Y ahora vosotros... やってみよう!

14 | 誰でしょうか?先生が出す質問表に答えましょう。クラスメートのことをよく知っていますか? *¿Quién es quién? Completa el test que os da el profesor. ¿Conoces bien a tus compañeros?*

15 | 次の掲示を見て質問に答えましょう。　*Mira los carteles y contesta a las preguntas.*

Clínica dental
La sonrisa
Horario:
De Lunes a Viernes
de 10 horas a 14 horas
y
de 17 horas a 20 horas

Restaurante Alfredo
**Cocina abierta de
13:00 a 16:00 horas**
Día de descanso: Miércoles

Museo Arqueológico
Horario de visitas guiadas
Mañanas: De 10 a 13 horas
Tardes: de 17:30 a 20:30 horas
(Lunes cerrado)

Banco Ahorro
Horario de atención al público:
De **Lunes a Viernes**,
de **8:30 a 14:00 horas**

Moda Chan
Horario continuado de
Lunes a Sábado
10:00 a 22:00 horas

Teatro Tirso
de Molina
HOY
" La vida es sueño "
Sesiones:
20:15 horas
22:30 horas

時刻の尋ね方	– *¿Qué hora es?*
Para preguntar y decir la hora	> *Es la una y media / y diez.*
	– *¿Tienes hora?*
	> *Sí, son las cinco menos cuarto / menos diez.*

1) ¿Qué día cierra el Restaurante Alfredo?
2) ¿A qué hora abre la Clínica dental "La sonrisa" por la tarde?
3) ¿A qué hora empieza la primera sesión de "La vida es sueño" en el Teatro Tirso de Molina?
4) ¿Cuándo puedes ir al Banco Ahorro?
5) ¿A qué hora abre Moda Chan?
6) ¿Qué día cierra el Museo Arqueológico?

16 | ペアワークです。枠内の表現を参考にして、時計を見て時刻を言いましょう。
Mira los relojes y, en parejas, decid qué hora es.

en punto • y veinte • menos cuarto
menos cinco • y diez • y media

予定時刻を聞く・答える
Para situar hechos en el tiempo

– *¿A qué hora es el partido?*
> *Es a las diez de la noche.*

– *¿Cuándo empieza la clase?*
> *A las nueve de la mañana.*

– *¿Cuándo vas al gimnasio?*
> *De siete a ocho de la tarde.*

17 | 人間時計で遊びましょう。あなたたちの腕が時計の針となります。　*Ahora jugamos al reloj humano. Vuestros brazos serán las agujas del reloj.*

– *¡Son las diez y veinte!*

18 | 次の文章を読みましょう。スペインの生活時間についての説明です。
Lee el texto sobre los horarios en España.

Lo que más me llama la atención en España son los horarios. Todo se hace mucho más tarde que en mi país. Los españoles comen entre las dos y las tres. Entre semana se acuestan sobre las doce, pero los fines de semana se acuestan mucho más tarde. Las tiendas cierran a mediodía (entre las 2 y las 4:30) porque es el momento de la siesta. ¡Estos horarios son una locura! Pero mis amigos españoles dicen que todo esto tiene una explicación: España es uno de los países con más horas de luz al día.

siestaとは、昼食後に20〜30分ほど寝る習慣です。ベッドに寝る人もソファにもたれて休む人もいます。こうして、午後のためのエネルギーを蓄えます。

La siesta es una costumbre que consiste en dormir unos minutos (entre 20 y 30) después de la comida. Así tenemos fuerzas para el resto del día.

19 | あなたの国ではお店は何時に開いて何時に閉まりますか?シエスタはしますか? *En tu país, ¿a qué hora abren y cierran las tiendas? ¿Duermes la siesta?*

Y ahora vosotros... やってみよう!

20 | マルコスのブログを読んで下のデジタル表示の時刻をアルファベットで書き空欄を埋めましょう。 *Lee el blog de Marcos y completa con los horarios de los relojes. Escribe las horas en letras.*

¡Hola, España!

Me llamo Marcos. Soy de Pontevedra, una ciudad de Galicia, tengo 28 años y soy un "español en el mundo" ;)

Ahora vivo en Manaus (Brasil), en la región de Amazonia. Trabajo de fotógrafo *freelance* y soy muy feliz. Mi vida aquí es muy diferente a la de España. Me levanto todos los días muy pronto por la mañana, (**a**) ....

Luego (**b**) .... empiezo a trabajar y hago fotos en la selva. Vuelvo a casa (**c**) .... y normalmente me acuesto (**d**) .... Un fin de semana al mes, voy a Santarem, donde vive mi novia.

| 22:00 | 07:30 | 20:20 | 05:45 |

21 | スペインでは複数の言語が話されています。4つの吹き出しの文を読んで、吹き出しと地域を結びつけましょう。*En España se hablan varias lenguas. Lee el texto y relaciona los cuatro bocadillos con la parte de España donde crees que se habla cada lengua.*

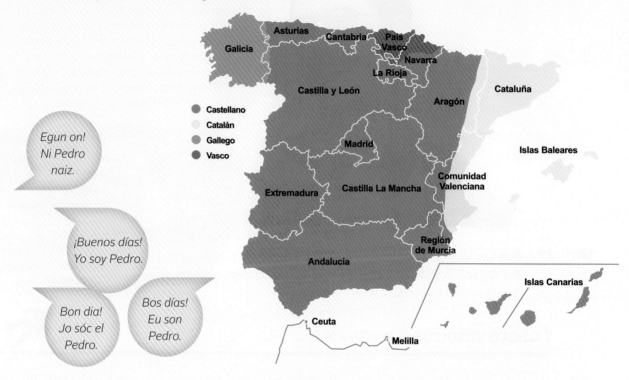

Egun on! Ni Pedro naiz.

¡Buenos días! Yo soy Pedro.

Bon dia! Jo sóc el Pedro.

Bos días! Eu son Pedro.

● Castellano
○ Catalán
● Gallego
● Vasco

En España hay cuatro lenguas oficiales: el español o castellano, que se habla en todo el país; el vasco o euskera, que se habla en el País Vasco y en parte de Navarra; el catalán, que se habla en Cataluña, la Comunidad Valenciana y las Islas Baleares; y el gallego, que se habla en Galicia, la región al noroeste de España. Castellano, catalán y gallego vienen del latín. El euskera no se parece a las demás lenguas de España y su origen es un misterio.

22 | クラスメートに聞きましょう。次のことを普段何時にしますか？
¿A qué hora hacen normalmente estas cosas tus compañeros?

Despertarse

Levantarse

Ducharse

Comer

Acostarse

– ¿A qué hora te despiertas?
> Yo me despierto a las ocho de la mañana. ¿Y tú?
– Yo, a las nueve.

23 宇宙飛行士の宇宙空間における普段の生活について書いてある文章です。枠内の動詞を活用させて、空欄を埋め、完成させましょう。

Completa el texto sobre las rutinas de un astronauta en el espacio.

limpiar • hacer
escribir • ver • dormir
tener • hacer
acostarse

Me llamo Enrique y soy astronauta. La vida en el espacio se parece a la vida en la Tierra. (1)................... ocho horas al día, trabajo nueve horas y tengo una hora para comer. Luego (2)................... ejercicio en una cinta para correr y en una bicicleta estática. Es muy importante estar en forma en el espacio, para hacer nuestro trabajo. Por la noche, ceno y (3)................... a mi familia y a mis amigos. (4)................... pronto todos los días. Así vivo de lunes a viernes. Los sábados por la mañana (5)................... la nave. El sábado por la tarde y el domingo (6)................... tiempo libre: (7)................... películas o (8)................... fotos a la Tierra por la ventana. ¡Es impresionante!

24 これらの人々の日常生活を想像しましょう。 *Imagina el día a día de estas personas.*

Y ahora vosotros... やってみよう！

25 あなたはバカンスを楽しんでいます！ 友人に絵葉書を書き、毎日何をしているか伝えましょう。

¡Estás de vacaciones! Escribe una postal a un amigo y cuéntale qué haces cada día.

家族と住まい
MI CASA ES TU CASA

En marcha

1 住居を見てみましょう。あなたの住んでいる家はどんなタイプの家か答えましょう。 *Mira estas casas. ¿Tú dónde vives?*

– ¿Dónde vives?
> Vivo en un piso, en el centro de la ciudad.

1 **Residencia de estudiantes**

2 Caravana

3 Piso

4 Chalé

5 Estudio

語彙 Con este vocabulario...

- 様々な住まいのタイプ
  Tipos de viviendas
- 家族や親戚
  La familia
- 身体的特徴と性格
  Características físicas y de carácter
- 家の中のもの、家具
  Las partes de la casa y los muebles
- 場所や位置
  Localización

文法 ...y con esta gramática...

- 所有形容詞
  Posesivos
- 動詞 *estar*
  Verbo *estar*
- 比較の表現
  Comparativos

到達目標 ...al final serás capaz de...

- 家族や人との関係について話せる
  Hablar de relaciones
  personales y familiares
- 人の外見的特徴と人柄について話せる
  Hablar del aspecto físico
  y del carácter
- 所有関係について話せる
  Hablar de la posesión
- 比較の表現ができる
  Hacer comparaciones
- 家や住まいの描写ができる
  Describir una casa

2 | aからeの人はどんな家を必要としているでしょうか。練習1に出てきたものからそれぞれに適切な家を選びましょう。　*Une a estas personas con la casa que necesitan. Búscala en la actividad 1.*

Siempre estamos de viaje. Somos fotógrafos y necesitamos una casa con ruedas para poder viajar por el mundo.

Necesitamos una casa grande. Queremos un jardín para jugar con los niños. Nos gusta la tranquilidad de vivir fuera de la ciudad.

Este año empezamos la universidad. Buscamos un lugar para vivir los cuatro juntos. Necesitamos habitaciones con cama, mesa para estudiar y estanterías. No queremos cocinar.

Vivo solo con mis dos hijos. Necesitamos una casa grande en la ciudad, con tres habitaciones y cerca del colegio de los niños.

Necesito una casa pequeña, para una persona, con espacio para trabajar. Me gusta vivir en edificios altos porque necesito mucha luz y no quiero escuchar el ruido de la calle... ¡Necesito concentrarme en el trabajo!

3 | パブロが家族の紹介をしています。音声を聞き、左の枠内の単語を使って家系図を完成させましょう。*Pablo nos presenta a su familia. Escucha y completa el árbol genealógico con las palabras de la izquierda.*

abuelo / abuela
nieto / nieta
padre / madre
hijo / hija
hermano / hermana
tío / tía
sobrino / sobrina
cuñado / cuñada
primo / prima
suegro / suegra
yerno / nuera

Sigue el rumbo... 順路に沿って

G.7.1	所有形容詞（Ⅰ）		
		単数	複数
(yo)		mi	mis
(tú)		tu	tus
(él/ella/usted)		su	sus
(nosotros/as)		nuestro/a	nuestros/as
(vosotros/as)		vuestro/a	vuestros/as
(ellos/as/ustedes)		su	sus

Mi madre se llama Elvira.
Mis primos son Fernando y Cristina.
¿Cómo se llama tu hermano?

4 | パウラは彼女の家族について話しています。テキストを読んで空欄に所有形容詞を入れましょう。
Paula habla de su familia. Lee el texto y completa.

Mis suegros son muy cariñosos. Para mí son como (1)............. padres. (2)............. suegra se llama Tina y es una persona inteligente y alegre. (3)............. suegro, Luis, es un hombre sociable y divertido. (4)............. único hijo, José, es hoy (5)............. marido y tenemos dos hijos juntos. Cuando nacieron (6)............. hijos, Tina y Luis vendieron (7)............. casa y se trasladaron a Salamanca. Siempre decían: "queremos pasar más tiempo con (8)............. nietos". Como todos los abuelos del mundo, Tina y Luis creen que (9)............. nietos son los más inteligentes y más guapos del mundo. Mi marido y yo somos muy felices porque (10)............. familia está muy unida.

5 | あなたのクラスメートの家族はどんな家族ですか？ 相手に質問して相手の家系図を完成させましょう。相手になる人は仮想の家族をイメージして答えることもできます。*¿Cómo es la familia de tu compañero? Pregúntale y completa su árbol genealógico. El compañero puede contestar hablando de su familia real o bien puede imaginar su familia.*

– *¿Cómo se llama tu padre?*　　　　　– *¿Cuántos hermanos tienes?*
> *Anthony.*　　　　　　　　　　　　　> *Uno. Se llama Marcos.*

6 | いろいろなタイプの家族があります。文章を読んで、写真と結びつけましょう。

Hay muchos tipos de familias. Lee los textos y únelos con sus imágenes.

| a | Silvia nació en Senegal pero ahora vive en Málaga con sus padres adoptivos. |

| b | Enrique, Pedro, Ana, Sonia, José, Mario, Raquel, María, Esther, Diana, Eduardo, Laura, Juan y Terry son familia numerosa. |

| c | Están casados y no tienen hijos. |

| d | Carlos y Sara tienen dos hijos, pero están separados. |

| e | Martín es soltero. Él solo cuida de su hijo, Román. |

marido / mujer
novio / novia
casado / casada
soltero / soltera
separado / separada
divorciado / divorciada
viudo / viuda

7 | 雑誌の表紙の見だしを読んで、右側のニュースと結びつけましょう。*Lee los titulares y únelos con las noticias.*

Nº 67
COTILLEÖS
¡DIVORCIO!
¡sigue soltero!
La pareja de moda
LA BODA DEL AÑO

El exnovio de Laura Quijón sigue soltero y es uno de los hombres más sexys del mundo.

Los novios dan el
«sí, quiero»
hoy en la Catedral de la Almudena.

Todo se acaba.
María Blasco y Juan Antonio Carreras son ahora exmarido y exmujer.

Están felices y enamorados.
La pareja demuestra su amor por las calles de Madrid.

Y ahora vosotros... やってみよう！

8 | 今度はみなさんがクラスの噂話を書きましょう。
主人公はあなたのクラスメートたちです。

Ahora escribe los cotilleos de la clase.
Los protagonistas son tus compañeros.

EXCLUSIVA

9 | スペインの有名な映画監督であるアルモドーバル氏は次作映画のために俳優を探しています。
あなたはどんな人？ *Almodóvar busca actores y actrices para su próxima película. ¿Tú cómo eres?*

G.4

SOY...

alto/a – bajo/a   delgado/a – gordo/a

guapo/a – feo/a   joven – viejo/a

castaño/a   moreno/a   rubio/a   pelirrojo/a

Si no tienes pelo eres... calvo/a

TENGO LOS OJOS...

rasgados   redondos   pequeños   grandes

azules   marrones   negros   verdes

TENGO EL PELO...

largo   corto   rizado   liso

TENGO...

bigote   barba   flequillo

canas   gafas   *piercing*

Y además soy:
simpático/a
serio/a
tímido/a
inteligente
alegre
sociable

– *Soy alta y bastante delgada.*
Soy morena y tengo el pelo muy largo y liso.
Tengo los ojos redondos y verdes.
Tengo gafas y un piercing en la nariz.
Soy un poco tímida pero muy alegre.

Sigue el rumbo... 順路に沿って

MUY tímida

BASTANTE tímida

UN POCO tímida

G.13.1

描写に使われる動詞 *SER* と *TENER*

SER + 形容詞 （外見や性格）	**TENER + 名詞** （外見や身につけるもの）
Somos altas y delgadas. *Mi primo es muy tímido.*	*Sus hermanas tienen el pelo rizado.* *Javier tiene un piercing en la nariz.*

10 | これらの役はアルモドバル監督が求めている人々です。役に最も適した人は誰ですか?

Estas son las personas que busca Almodóvar. ¿Qué personas de la clase son las más adecuadas para la película?

1) Busco una mujer delgada, morena, con el pelo largo y los ojos rasgados y negros.

2) Necesito un hombre alto, rubio, con el pelo rizado y ojos azules.

3) Quiero una mujer baja, no muy delgada, con el pelo castaño y los ojos verdes.

4) Busco un hombre no muy alto, con canas y barba, con gafas.

11 | 先生が提示する人物を描写しましょう。 *Describe a los personajes que te da tu profesor.*

Sigue el rumbo... 順路に沿って

12 | レベッカの説明を聞いて、写真の人物を特定しましょう。

Escucha a Rebeca describiendo estas fotos. ¿Quién es quién?

Bueno – más bueno > mejor
Malo – más malo > peor
Grande – más grande > mayor
Pequeño – más pequeño > menor

Y ahora vosotros... やってみよう!

13 | フェールとパブロは兄弟です、しかし あまり似ていません。ペアでフェール とパブロの違いを描写しましょう。

Fer y Pablo son hermanos, pero no se parecen mucho. En parejas, describid las diferencias entre Fer y Pablo.

14 | ロドリゲス一家は引越しの最中です。どの家財をどの部屋に置くのか、仕分けを手伝ってあげましょう。物によっては置ける場所が複数ある場合があります。リストができたらクラスメートのものと比較してみましょう。 *Los Rodríguez están de mudanza. Ayúdales a colocar cada objeto en la habitación adecuada. Puedes colocar algunos objetos en varias habitaciones. Luego compara tus respuestas con las de tus compañeros.*

前置詞ENは
所在を表す

La familia está en el salón.
La nevera está en la cocina.

bañera

cama

váter

toallas

silla

fregadero

sofá

lámpara

horno

lavabo

espejo

mesa

ducha

televisión

mesilla

cuadro

sillón

nevera

armario

estantería

lavadora

cocina

salón comedor — dormitorio — terraza — cocina — pasillo — entrada — despacho/estudio — puerta — baño

Sigue el rumbo... 順路に沿って

G.7.2

¿De quién es esa casa?
> Es la casa de Pepe.
> Es su casa.
> Es suya.

所有形容詞（Ⅱ）

	単数		複数	
	男性	女性	男性	女性
(yo)	mío	mía	míos	mías
(tú)	tuyo	tuya	tuyos	tuyas
(él/ella/usted)	suyo	suya	suyos	suyas
(nosotros/as)	nuestro	nuestra	nuestros	nuestras
(vosotros/as)	vuestro	vuestra	vuestros	vuestras
(ellos/ellas/ustedes)	suyo	suya	suyos	suyas

– ¿De quién es este cuaderno?
¿Es tuyo?
> No, es de Brendan. Pero la carpeta es mía.

< Nuestros libros son muy bonitos.

場所や位置

G.13.2

ESTAR

delante de — encima de — a la izquierda de — cerca de / al lado de — entre

detrás de — debajo de — a la derecha de — lejos de — enfrente de

yo	estoy
tú	estás
él/ella/usted	está
nosotros/nosotras	estamos
vosotros/vosotras	estáis
ellos/ellas/ustedes	están

Carolina está debajo de la mesa.

15 | 自分の持ち物を何か1つ教室のどこかに置いてください。順番に、例に倣って「これは誰の物ですか」と聞きましょう。*Cada uno de vosotros deja un objeto en algún lugar de la clase.*
Por turnos, preguntad a vuestros compañeros de quién es cada objeto, como en los ejemplos.

– *¿De quién es el bolígrafo que está debajo de la ventana?*
> *Es de Franz. / Es suyo.*
– *Mary, John, ¿son vuestros estos libros?*
> *Sí, son nuestros. / No, no son nuestros.*

16 | これは、整理整頓する前と後のアンヘルの部屋です。前と後でそれぞれの物がどこからどこへ移動したか書きましょう。*Esta es la habitación de Ángel antes y después de ordenarla. Describe por escrito dónde está cada objeto en la primera y en la segunda imagen.*

 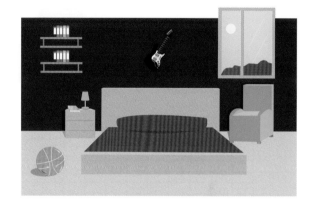

17 | 2つの図面を見比べながら、不動産会社のコマーシャルを聞いて、どちらの図面のことを言っているのか答えましょう。*Escucha el anuncio de una agencia inmobiliaria, mira los dos planos y di de cuál de los dos se habla.*

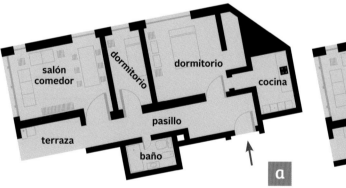 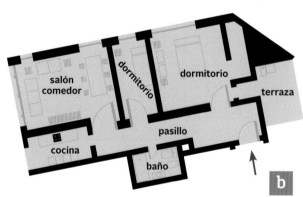

18 | 枠内に示されている行為をどこでしますか? あなたのクラスメート達はどうでしょうか?
¿Dónde haces estas cosas? ¿Y tus compañeros?

| Lavarte los dientes • Tomar café • Escuchar música • Relajarte • Ver una película |
| Leer un libro • Preparar el desayuno • Navegar por internet • Prepararte para salir |

Y ahora vosotros... やってみよう!

19 | あなたの部屋をクラスメートに紹介しましょう。
何がどこにありますか?
Describe tu habitación a un compañero.
¿Dónde está cada cosa?

20 あなたが既に知っている、単語を使って解きましょう。 *Resuelve con el vocabulario que ya conoces.*

LA SOPA DE LETRAS DE LA CASA
シークワーズ（家）

EL CRUCIGRAMA DE LA FAMILIA
クロスワードパズル（家族）

1 La madre de mi marido.
2 Los padres de mis padres.
3 Las hermanas de mi madre.
4 La hija de mi hermano.
5 El hijo de mi hijo.
6 El hijo de mis padres.
7 Mi primo lo es de mis tíos.
8 El hermano de mi prima.

K	E	S	P	E	J	O	W	H	K	D	C	D
S	D	J	F	X	R	H	X	V	O	A	G	F
Q	Y	W	F	R	E	G	A	D	E	R	O	V
D	F	E	O	Q	P	R	J	W	U	P	N	Q
U	A	A	L	S	E	R	H	C	R	B	Z	O
C	T	X	I	T	V	R	B	D	O	O	J	W
H	M	V	A	R	M	A	R	I	O	I	X	E
A	N	V	F	L	A	V	A	B	O	Y	O	B
J	T	E	L	E	V	I	S	I	O	N	X	I
K	K	D	H	U	Y	S	F	U	X	Q	V	O
X	M	S	O	F	A	S	P	B	O	I	N	O
X	P	T	O	A	L	L	A	V	J	B	D	M
A	C	O	A	R	F	C	M	X	W	B	G	X

 21 カエルのアナはどこにいますか？

¿Dónde está la rana Ana?

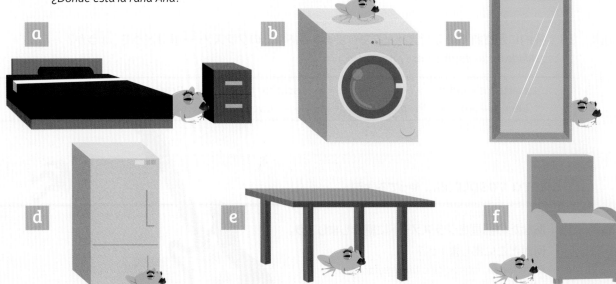

22 あなたには有名人の名前が貼られています。誰の名前か、クラスメートに質問しながら当てましょう。
Eres un personaje famoso. Adivina quién eres preguntando a tus compañeros.

– ¿Soy hombre?
> Sí. / No.
– ¿Cómo tengo el pelo?
> Corto, moreno,...
– ¿Cuántos años tengo?
>...

23 これはモンチョの家です。吹き出しの中の説明を読んで、いとこのサラ、叔父のラモン、祖母のマリアがどこにいるか、棚、電気スタンド、絵がどこにあるか見つけましょう。 *Esta es la casa de Moncho. Sigue las pistas y descubre dónde están su prima Sara, su tío Ramón, su abuela María, la estantería, la lámpara y el cuadro.*

tercer piso

segundo piso

primer piso

1 Mi prima Sara, mi tío Ramón y mi abuela María están en diferentes partes de la casa.
2 Mi abuela María está en la habitación que está encima de la cocina.
3 Mi tío Ramón está al lado de un lavabo y un espejo.
4 La lámpara está encima de una mesilla, al lado de una cama.
5 La estantería, la lámpara y el cuadro están en diferentes pisos.
6 En el aseo no hay personas. Solo hay un váter, un lavabo y un espejo.
7 Mi prima Sara está en el primer piso.
8 En la habitación de la abuela María no hay una lámpara.
9 La estantería está al lado de un armario.
10 Mi prima Sara está a la izquierda de la parte de la casa donde está el cuadro.

Y ahora vosotros... やってみよう！

24 クラスメートを一人思い浮かべて、自分と比較しましょう。クラスメートはあなたが誰を思い浮かべたのかを当てます。 *Piensa en un compañero de clase y compárate con él. Tus compañeros tienen que adivinar en quién estás pensando.*

– Es más alta que yo. Tiene el pelo más largo y es rubia.
> ¿Es Natalie?
– ¡Sí!

道案内
SIGUE RECTO

En marcha

1 | どこの街の写真かわかりますか？ これらの場所または有名な
モニュメントはどこにあるでしょうか？

*¿Conoces estas ciudades? ¿En qué ciudad puedes ver estos
lugares o monumentos famosos?*

> MADRID • CIUDAD DE MÉXICO
> BUENOS AIRES • BARCELONA
> SANTIAGO DE CHILE

1 Plaza del Zócalo

2 Avenida 9 de julio

Fuente del Bicentenario **3**

4 Puerta de Alcalá

5 Parque Güell

6 Parque 3 de febrero

7 Museo del Prado

8 Plaza de Armas

9 Fuente mágica de Montjuic

10 Museo Frida Kahlo

2 | これらの都市で他にどんな有名な場所を知っていますか? 他のスペイン語圏の都市で有名な場所を知って
いますか? *¿Qué otros lugares famosos conoces de estas ciudades? ¿Y de otras ciudades del mundo hispano?*

3 | あなたの街で有名な場所はどこですか? *¿Qué lugares son los más importantes de tu ciudad?*

4 | マリオはたくさんのおつかいをしなければなりません。どこに行かなければならないでしょうか？
頼まれたおつかいと行くべき場所を結びつけましょう。

Mario tiene que hacer muchos recados. ¿Dónde tiene que ir? Relaciona los recados con los lugares.

a) comprar pan.
b) enviar un paquete.
c) comprar un medicamento.
d) comprar el periódico.
e) hacer la compra.
f) sacar dinero.

Sigue el rumbo... 順路に沿って

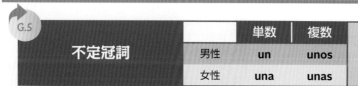

G.5 不定冠詞		単数	複数	Busco la panadería "El pan de la abuela". Busco una panadería.
	男性	un	unos	
	女性	una	unas	

存在と位置を表す表現	**HAY + un / una / unos / unas + 名詞（単数・複数）** Hay un banco enfrente del parque. Hay unas estatuas en la plaza.
	El / La + 名詞（単数） + ESTÁ **Los / Las + 名詞（複数） + ESTÁN** El "Banco Ahorro" está enfrente del parque. Las estatuas de Don Quijote y Sancho Panza están en la plaza.

💬 **5** | ペアワークです。1人が絵を見てもう1人が例に倣って質問をします。冠詞の用法に注意しましょう。

En parejas, uno de vosotros mira el dibujo y el otro hace preguntas como en el ejemplo. Fíjate en los artículos.

¿Dónde está el Hospital Gregorio Marañón?
> Está en...

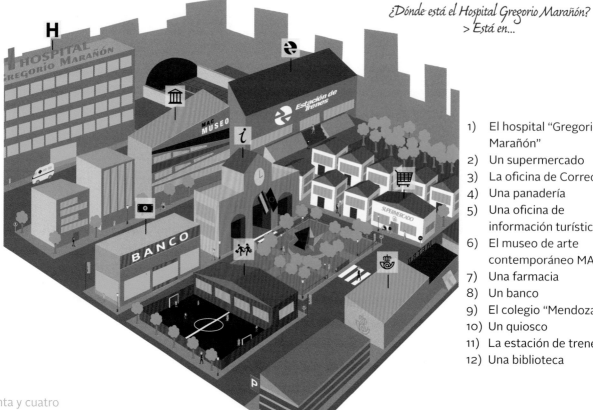

1) El hospital "Gregorio Marañón"
2) Un supermercado
3) La oficina de Correos
4) Una panadería
5) Una oficina de información turística
6) El museo de arte contemporáneo MAC
7) Una farmacia
8) Un banco
9) El colegio "Mendoza"
10) Un quiosco
11) La estación de trenes
12) Una biblioteca

Sigue el rumbo... 順路に沿って

 G.6 指示詞 (II) と場所の副詞

allí

aquel / aquella / aquellos / aquellas

何かが話し手から非常に遠くにある時
ÉL / ELLAを基準にした位置

ahí

ese / esa / esos / esas

何かが話し手からそれほど近くにない時
TÚを基準にした位置

aquí

este / esta / estos / estas

何かが話し手の近くにある時
YOを基準にした位置

Mira, esta es la plaza. Estamos aquí.

Ese vestido de ahí es muy bonito.

Aquel edificio de allí es el ayuntamiento.

6 | 私達がどこの街に住んでいても自宅の近くにあるもの、遠くにあるもの、そしてとても遠くにあるものがあります。空欄に適切な指示詞を書きましょう。*En todas las ciudades hay cosas que están cerca, lejos o muy lejos de nuestra casa. Escribe al lado de cada palabra su demostrativo.*

aquí	ahí	allí
.... plaza	.... banco	.... parques
.... quioscos	.... fuentes	.... estación
.... supermercado	.... edificios	.... museo
.... estatuas	.... farmacia	.... bibliotecas

7 | ペアワークです。教室の物を指示詞を使って指し示しましょう。
En parejas, señalad los objetos de clase usando los demostrativos.

Y ahora vosotros... やってみよう!

8 | あなたの住んでいる地域について描写しましょう。何があって、何が無いかを言いましょう。
Describid vuestro barrio. Decid las cosas que hay y las cosas que no hay.

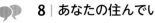
En mi barrio hay un parque muy grande pero no hay fuentes.

9 | 吹き出しの中の指示を読みましょう。そして指示に従って地図をたどってください。
エドゥアルドが行きたがっている場所はどこでしょうか。

Lee y sigue las indicaciones. ¿Dónde quiere ir Eduardo?

Sí, mira. Estamos aquí, en la Puerta del Sol. Sigue recto por la Carrera de San Jerónimo. Gira a la derecha por la calle Ventura de la Vega. Después, al final de la calle, gira a la izquierda y sigue todo recto por la calle Prado. Al final de esa calle, a la derecha, hay una ....

Perdona, ¿..........................?

Sigue todo recto

Gira a la izquierda

Gira a la derecha

Sigue el rumbo... 順路に沿って

道案内する時の指示に使われる動詞

Tienes que... / tiene que... + ir / seguir / girar / coger / cruzar

Tienes que seguir todo recto. インフォーマル
Tiene que ir hasta la plaza. フォーマル

Sigue / siga

Sigue todo recto. インフォーマル
Siga todo recto hasta el ayuntamiento. フォーマル

Gira / gire

Gira a la derecha. インフォーマル
Gire en la segunda calle. フォーマル

Coge / coja – Toma / tome

Coge la primera calle a la izquierda. インフォーマル
Coja la segunda calle a la derecha. フォーマル

Cruza / cruce

Cruza la calle. インフォーマル
Cruce el puente al final de la calle. フォーマル

人を呼び止めたりする時に使われる表現
perdón / perdona
perdone / disculpa
disculpe
Perdón, ¿para ir a la Gran Vía?

行き方を尋ねる

¿Dónde está + el / la / los / las + 場所?

¿Dónde está la estación de tren?

¿Dónde hay + un / una / unos / unas + 場所?

¿Dónde hay un supermercado?

¿Para ir a + 場所?

¿Para ir a la Plaza Mayor?

¿場所, por favor?

¿La calle Sierpes, por favor?

順を追って説明する

まず **Primero**
Primero, gira a la derecha.

それから **Luego / Después**
Después, sigue todo recto.

最後に **Al final / Por último**
Por último, coge la segunda calle a la izquierda.

10 | 道案内をしてあげましょう。　*Ayuda a estas personas a encontrar el lugar que buscan.*

Perdón, ¿para ir a la Plaza Mayor?

Disculpe, ¿dónde está el Jardín de la Merced?

Perdona, ¿dónde hay un restaurante?

11 | 泥棒が隠れている場所を言い当てましょう。
先生の指示に従い例のように質問しましょう。
Adivina dónde se esconde el ladrón. Sigue las instrucciones de tu profesor y haz preguntas como en el ejemplo.

A: *¿Sigo todo recto?*
B: *No*
A: *¿Giro a la derecha?*
B: *Sí.*

¡Desde aquí suena bien! 聴いてみよう!

12 | 音声を聞いて、zで書く単語とcで書く単語を下の表に書き入れましょう。
Escucha y ordena las palabras.

zで書く	cで書く

[θ]の発音表記には
zとcが使われる。
El sonido [θ] se escribe:
z + a, o, u
c + e, i.
ciudad, zoo

G.1

13 | 次の人々の通勤手段について説明されている音声を聴いて、a〜fのどれに相当するか右の表に番号で記入しましょう。 *¿Cómo van estas personas a su trabajo? Escucha y relaciona.*

a En moto

b En bici

c En barco

d En metro

e A pie

f En coche

a	
b	1
c	
d	
e	
f	

14 | あなたはどの交通手段を選びますか? あなたはどうやって仕事、学校、または買い物に行きますか? *¿Y tú, qué medio de transporte prefieres? ¿Cómo vas al trabajo, a clase o a hacer la compra?*

Voy...	en metro • en autobús • en bicicleta • en coche
	en moto • en barco • en avión • a pie / andando

動詞 **Ir en** (移動の手段) 〜で行く
Voy en metro a la universidad.
Estar en
Estamos en la plaza.
動詞 **Ir a** (目的地) 〜へ行く
Mi padre va a la panadería.
Pasar por
Paso por la plaza para ir a mi casa.

15 | スペイン語圏を旅するフランス人女性、アンヌの言っていることを読みましょう。 *Lee el texto de Anne, una francesa que viaja por los países hispánicos.*

Soy Anne y me encanta viajar y hablar español. Conozco España, México, Argentina, Cuba y Puerto Rico. Ahora estoy en Tenerife, en las Islas Canarias. En todos estos países hablan español, pero... ¡cuántas diferencias! Lo que más me llama la atención son las distintas palabras para hablar de los medios de transporte. Por ejemplo, en Argentina, el metro se llama "subte", de subterráneo. En muchos países, conducen un "carro" y no un coche, como en España. Aquí, en Canarias, van en "guagua" por la ciudad, y no en autobús. Pero lo más importante: en Hispanoamérica es mejor no decir que "coges un taxi", porque allí, "coger" suena... mal. Allí dicen "tomar el autobús", o "tomar la segunda calle a la derecha", por ejemplo.

Y ahora vosotros... やってみよう!

16 | 地図を使ってあなたのクラスメートが街を移動する手助けをしましょう。 *Con el mapa que te da el profesor, ayuda a tus compañeros a moverse por la ciudad.*

Paso a paso 3
¿Dígame? もしもし

17 | 3件の電話を聞いて住所を完成させましょう。

Escucha las tres llamadas y completa las direcciones.

J

a ¡¡llevar apuntes a Julio!!: Paseo de

c Casa Esther Metro Ventas C/...................

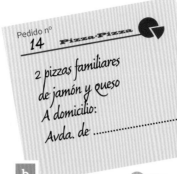

Pedido nº **14** Pizza-Pizza

2 pizzas familiares de jamón y queso
A domicilio:
Avda. de ....

Calle – C/
Avenida – Avda.
Paseo – Pº
Plaza – Plza.
Número – nº
Izquierda – izda.
Derecha – dcha.

b
– ¿Dónde vives?
– ¿Cuál es tu dirección?
– Calle Colombia, número 15, 1º A

1º	primero/a
2º	segundo/a
3º	tercero/a
4º	cuarto/a
5º	quinto/a
6º	sexto/a
7º	séptimo/a
8º	octavo/a
9º	noveno/a
10º	décimo/a
11º	décimo primero/a
12º	décimo segundo/a
....	

Sigue el rumbo... 順路に沿って

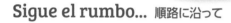

電話での表現
Para hablar por teléfono

¿Sí?
¿Dígame?
¿Está...?
¿Se puede poner....?
Sí, ahora se pone.
No, no está. ¿De parte de quién?
¿Quieres dejar un recado?
Lo siento, te has equivocado.

G.14 -15

	IR	VENIR	LLEVAR	TRAER
yo	voy	vengo	llevo	traigo
tú	vas	vienes	llevas	traes
él/ella/usted	va	viene	lleva	trae
nosotros/nosotras	vamos	venimos	llevamos	traemos
vosotros/vosotras	vais	venís	lleváis	traéis
ellos/ellas/ustedes	van	vienen	llevan	traen

YO ir / llevar ➡ | **YO** ⬅ venir / traer

18 | Ir か venir？Llevar か traer？会話を完成させましょう。

¿Ir o venir? ¿Llevar o traer? Completa las conversaciones.

Sí, sí. ¿A qué hora .... a tu casa?

No te preocupes, Julio. Marta te .... los apuntes a casa.

Tienes que .... estas pizzas a esta dirección.

Estamos preparando una fiesta en casa, ¿quieres ....?

Y ahora vosotros... やってみよう!

19 | 先生の指示に従ってペアでロールプレイをしましょう。

En parejas, representad las escenas que os indica vuestro profesor.

20 a〜fの会話を読んで、枠内に書かれている内容が正しい（V）か間違い（F）か答えましょう。

Lee los diálogos y contesta ¿verdadero o falso?

a

Antonio: *¿Cuándo vas al gimnasio?*
Gloria: *Voy todos los jueves.*

> Gloria y Antonio están en el gimnasio
> **V - F**

b

Alba: *¿Cuándo vienes a Sevilla?*
Victoria: *Voy el próximo fin de semana.*
¿Llevo abrigo?
Alba: *No, no, que hace mucho calor.*

> Alba está en Sevilla
> **V - F**

c

Padre: *José, ¿vas a casa de la abuela esta tarde?*
José: *Sí, sí voy.*
Padre: *¿Puedes llevar unos pasteles?*
José: *¡Claro!*

> José está en casa de su abuela
> **V - F**

d

Abuela: *¡Hola, José! Pasa, pasa.*
José: *¡Hola, abuela! ¿Cómo estás?*
Traigo unos pasteles.

> José está en casa de su
> abuela
> **V - F**

e

Lucía: *Emilio, ¿vienes a la cena?*
Es a las 9 en mi casa.
Emilio: *¡Sí, sí! ¿Qué llevo?*
Lucía: *Trae vino, por favor.*

> Emilio está en casa de
> Lucía
> **V - F**

f

Tere: *¿Cuándo vienes a la facultad?*
Nunca te veo por la mañana.
Álvaro: *Es que vengo por las tardes.*
Por las mañanas trabajo en casa.

> Tere y Álvaro están en la facultad
> **V - F**

21 アルボレス大通りにはたくさんのものがあります。文を読んで空欄に *está* または *hay* を入れて完成させましょう。そして地図の52番の建物の例に倣って、それぞれの建物にある空欄に名称を書きましょう。（50番と55番は2コあります）*En la Avenida de los Árboles hay muchas cosas. Lee las frases, completa los huecos con está o hay e intenta colocar cada cosa en su sitio.*

a) .... una farmacia enfrente del supermercado.

b) La biblioteca .... a la derecha de la farmacia y a la izquierda del hotel.

c) El colegio .... al lado de la farmacia.

d) .... dos bancos: uno .... al final de la calle, debajo del hotel y otro .... debajo del museo y enfrente del colegio.

e) El museo .... entre el supermercado y el estanco.

f) El hotel .... enfrente del hospital.

g) No .... quioscos cerca del hospital pero sí .... uno cerca del colegio.

h) .... una oficina de Correos entre el supermercado y el hospital.

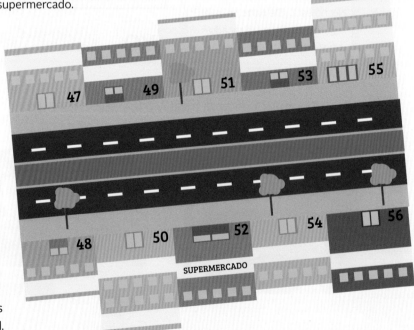

22 チームでクラスメートが何を描いたのか当てましょう。先生の指示に従いましょう。
Por equipos, intentad adivinar qué dibujan vuestros compañeros. Sigue las instrucciones de tu profesor.

23 観光客がツーリストインフォメーションに電話しているところです。*Hay, está* または*están*のいずれかで空欄を埋め、次の会話文を完成させましょう。 *Lee y completa. ¿Hay, está o están?*

Andalucía

– Oficina de Turismo, dígame.

> Hola, Buenos días. Mire, estamos en Sevilla y quería saber… ¿dónde (1)............... la Giralda?

– La Giralda (2)............... en la Plaza Virgen de los Reyes.

> ¿Y la plaza de la Real Maestranza?

– La plaza de la Maestranza (3)............... en el Paseo de Cristóbal Colón nº 12.

> Vale. Muchas gracias. ¿(4)............... jardines o parques cerca de la Catedral?

– Sí. Cerca de la Catedral (5)............... los Jardines de los Reales Alcázares y los Jardines de Murillo. Pero (6)............... más zonas verdes en Sevilla: el Parque de María Luisa, los Jardines del Prado de San Sebastián…

> Gracias. Y (7)............... también una plaza grande, cerca del río… Una plaza muy famosa…

– ¿La Plaza de España?

> Sí, eso es, la Plaza de España. ¿Y el barrio de Triana, dónde (8)...............?

– Para ir allí tiene que cruzar el río. (9)............... muchos puentes en Sevilla. El puente de Isabel II va directo al barrio de Triana.

> ¿Y dónde (10)............... el puente de Isabel II?

– (11)............... cerca de la Maestranza.

> Pues muchas gracias. Creo que eso es todo.

– Gracias a usted por su llamada y disfrute de su estancia en Sevilla.

Y ahora vosotros... やってみよう!

24 世界で最も住みやすい街はどこでしょうか。枠内にある項目を考慮に入れながら各自が街の名前を一つあげましょう。その後、多数決で最も住みやすい街を選びましょう。 *¿Cuál es la mejor ciudad del mundo para vivir? Propón una ciudad al resto de la clase y votad. Ten en cuenta los siguientes factores.*

Número de habitantes • Temperaturas • Estabilidad política • Contaminación Tolerancia social • Delincuencia • Gastronomía • Horas de sol • Zonas verdes • Ocio Cultura / Historia • Transporte y medios de comunicación: metro, autobús, tranvía, carreteras, aeropuerto,…	

Para mí, la mejor ciudad para vivir es Roma por su cultura y su historia. Además, hay zonas verdes…

好きなことと嫌いなこと

¿Y A TI, QUÉ TE GUSTA?

En marcha

 1 | 写真を見ながらクラスメートと話しましょう。関心があるものはどれですか? ないものは? *Mira las imágenes y habla con tus compañeros. ¿Qué te gusta y qué no te gusta hacer?*

語彙 Con este vocabulario...

■ レジャー、余暇の過ごし方、スポーツ、音楽、ショー
El ocio y el tiempo libre, deporte, música, espectáculos

■ 職業
Las profesiones

文法 ...y con esta gramática...

■ 動詞 *gustar, encontrar, querer, preferir*
Verbos *gustar, encantar, querer* y *preferir*

■ 理由の接続詞 *porque*
Porque

■ 相対最上級と絶対最上級
Superlativos relativos y absolutos

■ 動詞 *saber* と *poder*
Verbos *saber* y *poder*

■ 音声 [g] y [x]
Los sonidos [g] y [x]

到達目標 ...al final serás capaz de...

■ 好き嫌いや好みについて表現できる
Expresar gustos y preferencias

■ 意見の一致・不一致を表現できる
Expresar acuerdo y desacuerdo

■ 趣味や嗜好について話せる
Hablar de aficiones

■ 原因や理由を伝えることができる
Expresar causas

■ 数量や程度を強調する表現が使える
Intensificar lo que se dice

■ 技能や能力について表現できる
Expresar habilidades

■ できることやできないことについて話せる
Hablar de lo que puedes y no puedes hacer

Jugar al tenis

Ir a un concierto

Jugar al fútbol

Hacer atletismo

Ir al teatro

Jugar al baloncesto

Hacer natación

Ir al circo

Hacer ciclismo / Montar en bici

Ir a / visitar un museo

ME GUSTA

NO ME GUSTA

2 | あなたは週末何をするのが好きですか？ *¿Qué te gusta hacer los fines de semana?*

Ver la tele	Cocinar	Salir de fiesta	Ir al cine	Dormir	Viajar

Leer	Ir de compras	Pasear	Hacer deporte	Pintar	Ir al campo

Sigue el rumbo... 順路に沿って

動詞 gustar と encantar

(a mí)	**me**			
(a ti)	**te**	gust**a** / encant**a**	不定詞	*Me gusta ir al cine.* *Me encanta escuchar música.*
(a él/ella/usted)	**le**		名詞（単数）	*Me gusta el fútbol.* *Me encanta el arte moderno.*
(a nosotros/as)	**nos**			
(a vosotros/as)	**os**	gust**an** / encant**an** + 名詞（複数）		*Me gustan los deportes.* *Me encantan las sorpresas.*
(a ellos/ellas/ustedes)	**les**			

意見の一致・不一致を表す表現

– *Me encantan los deportes.* > *A mí,* **también.** < *Pues a mí, no... Me gusta leer.*	– *No me gusta el baloncesto.* > *A mí,* **tampoco.** < *Pues a mí, sí.*

ENCANTARは "gustar mucho" つまり「大好きである」という意味なので、"me encanta mucho" とか "no me encanta" とは言わない。

3 | 表を埋めましょう。そしてクラスメートたちとあなたの趣味を比べましょう。

Rellena la tabla y compara tus gustos con los de tus compañeros.

– *Me gustan mucho los deportes.*
> *¡A mí, también! Me encanta el tenis.*
< *Pues a mí, no. No me gusta nada hacer deporte.*

😃	me gusta mucho / me encanta	
🙂	me gusta bastante	
	me gusta	
🙁	me gusta un poco	
	no me gusta nada	
😣	odio	

Sigue el rumbo... 順路に沿って

G.15	QUERER	
yo	**quiero**	
tú	**quieres**	
él/ella/usted	**quiere**	
nosotros/nosotras	**queremos**	
vosotros/vosotras	**queréis**	
ellos/ellas/ustedes	**quieren**	

¿Quieres ir a dar un paseo?

PREFERIR	
yo	**prefiero**
tú	**prefieres**
él/ella/usted	**prefiere**
nosotros/nosotras	**preferimos**
vosotros/vosotras	**preferís**
ellos/ellas/ustedes	**prefieren**

No, prefiero quedarme en casa.

4 | クラスメートとロールプレーをしましょう。*querer* と *preferir* を使います。

Representa los diálogos con un compañero. Usa los verbos querer y preferir.

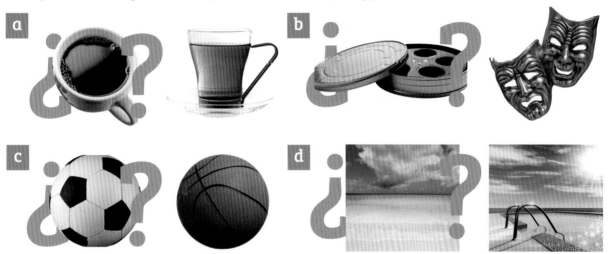

5 | スペインの若者たちの娯楽と余暇の過ごし方について書いてあります。文を読みましょう。

Lee el texto sobre el ocio y el tiempo libre de los jóvenes españoles.

El ocio y el tiempo libre son centrales en la vida de los jóvenes españoles. Para casi todos, el ocio es bastante o muy importante. Según estudios recientes, las actividades que prefieren hacer los jóvenes españoles son, en orden de importancia: escuchar música, ver la televisión, ir a cafeterías o bares, escuchar la radio, salir con los amigos de fiesta, ir de compras, leer libros, jugar con el ordenador, hacer deporte y visitar museos y exposiciones. Muchos se dedican también a aficiones más artísticas como pintar o tocar un instrumento musical. Hay también muchos jóvenes que dedican su tiempo libre a ayudar a los demás en asociaciones de voluntariado.

6 | あなたの国では?
あなたの国の若者たちの娯楽
や余暇について短い文章を書き
ましょう。*¿Y en tu país? Escribe un breve texto sobre el ocio y el tiempo libre de los jóvenes de tu país.*

Sigue el rumbo... 順路に沿って

原因や理由を表す表現　EXPRESAR CAUSA	
原因や理由、あるいは動機を尋ねる時に使う *¿por qué?* *¿Por qué te gusta hacer deporte?*	原因や理由、あるいは動機について話す時や答える時に使う *porque*. *Me gusta hacer deporte porque es muy sano.*

7 | このスペイン人モデルへのインタビューを聴いて、左枠の中にあるインタビューへの答えと、右枠の中にある、答えの理由を結びつけましょう。

Escucha la entrevista a este modelo español y une las frases.

– **¿Qué te gusta hacer en tu tiempo libre?**
Ver películas y hacer deporte al aire libre

– **¿Una película?**
Hechizo de luna

– **¿Y un libro?**
El Alquimista de Paulo Coelho

– **¿Qué es lo que más te gusta de tu profesión?**
Aprender cosas nuevas

– **¿Qué es lo que menos te gusta de tu trabajo?**
Los cotilleos

– **¿Qué te gusta comer?**
Me gusta comer de todo pero me encanta la tortilla de patatas

– **¿Qué te hace reír?**
Mi hermana pequeña

PORQUE

– te hace pensar en las cosas importantes de la vida.

– conoces a gente muy diferente.

– es muy divertida.

– es muy graciosa.

– no me gustan los gimnasios.

– cuando estoy fuera de España la echo mucho de menos.

– algunas personas son muy mentirosas.

Y ahora vosotros... やってみよう!

8 | クラスメートをもっと知りましょう。質問をして表を完成させましょう。

Conoce mejor a tus compañeros. Haz preguntas y completa la tabla.

	le gusta(n)...	no le gusta(n)...	porque...
una ciudad			
una película			
un plato			
un color			
una canción			
un libro			
un programa de televisión			
un deporte			
un día de la semana			
una palabra en español			

Paso a paso 2
Más y mejor もっと、よりよく

9 | *más, mejor, mucho, muy* を用いて吹き出しの中の空欄を埋めましょう。
Rellena los bocadillos con más, mejor, mucho y muy.

La tortilla de patatas de mi madre es .... que la del restaurante.

Lo mejor de Venezuela es su comida: las arepas están .... ricas.

Me gusta .... bailar el tango.

Somos brasileños y para nosotros el español es .... fácil que el inglés.

MUCHO / A / OS / AS
Roberto tiene muchos amigos.
MUCHO
Me gusta mucho el tenis.
MUY
Carla es muy inteligente.
Laura habla chino muy bien.

Sigue el rumbo... 順路に沿って

 G.4.2

相対最上級	絶対最上級
el/la/los/las + (名詞) + **más / menos** + 形容詞 + **de**	形容詞 + **-ísimo/-a/-os/-as**
Este cuadro es el más bonito de toda la exposición. *Es el edificio más alto del barrio.* *Joaquín es el menos trabajador de sus amigos.*	*Ese futbolista es guapísimo (= es muy guapo).* *Tus hermanas son altísimas (= son muy altas).*

10 | 3つのブロック（左：1〜6、中央：a〜f、右：A〜F）の語句を1回ずつ使って組み合わせ、6つの文を作りましょう。*Une los elementos de cada columna para formar frases.*

1) El tenis
2) María
3) Los futbolistas españoles
4) El cine "Van Dyck"
5) Las entradas para el musical
6) El concierto de Lori Meyers

a) es el más grande
b) son
c) es el deporte más divertido
d) es
e) es el mejor
f) son los deportistas más jóvenes

A) guapísima.
B) de todos los que practico.
C) carísimas.
D) del festival de música.
E) de todos los equipos europeos.
F) de la ciudad.

11 | 次の形容詞の絶対最上級を書きましょう。*Escribe los superlativos absolutos de los siguientes adjetivos.*

divertido • grande • bueno • caro • barato • cómodo • fácil • rápido

Y ahora vosotros... やってみよう!

12 | 商品販売の場面では、最上級をたくさん使います。写真を見て、適切な形容詞の最上級を用いて紹介しましょう。*Cuando queremos vender un producto, usamos muchos superlativos. Mira estos objetos y descríbelos usando los superlativos de los adjetivos adecuados.*

Este sillón es el mejor del mundo, es comodísimo,...

13 | イラストの人物と職業名を結びつけましょう。まず、右側の表の職業に対応するイラストの番号を書きます。次にそれぞれの職業の人ができることをsabe…の欄から選んで矢印で結びつけましょう。例を参照してください。
Relaciona cada imagen con su profesión y con lo que sabe hacer cada persona. Fíjate en el ejemplo.

イラスト Imagen	職業 Profesión	〜できる Sabe…
	cocinero/a	pintar cuadros
	peluquero/a	conducir un autobús
1	periodista	arreglar coches
	conductor/a	cuidar a los enfermos
	pintor/a	curar animales
	mecánico/a	diseñar edificios
	panadero/a	preparar comidas
	arquitecto/a	comunicar noticias
	veterinario/a	hacer pan
	enfermero/a	cortar el pelo y peinar

Sigue el rumbo... 順路に沿って

G.15

SABER	
yo	**sé**
tú	**sabes**
él/ella/usted	**sabe**
nosotros/nosotras	**sabemos**
vosotros/vosotras	**sabéis**
ellos/ellas/ustedes	**saben**

PODER	
yo	**puedo**
tú	**puedes**
él/ella/usted	**puede**
nosotros/nosotras	**podemos**
vosotros/vosotras	**podéis**
ellos/ellas/ustedes	**pueden**

動詞 saber と poder は不定詞を後ろに従える
Los verbos SABER y PODER van seguidos de infinitivo:
Sé tocar el piano.
Podemos salir esta noche.

14 | saber hacer と (no) poder hacer の使い分けができるようになりましょう。写真を見て、例に倣って書きましょう。*Escribe qué saben y qué pueden hacer estas personas.*
Luis sabe montar en bicicleta, pero hoy no puede montar porque está rota.

1 Luis

2 María

3 Felipe

4 Marta

15 | これをできる人は誰でしょうか。クラスメートに質問をしてできる人の名前を表に書きましょう。

¿Quién sabe hacer esto? Pregunta a tus compañeros y completa la tabla con sus nombres.

– ¿Sabes cambiar una bombilla?
> No, no sé arreglar nada en casa.

cambiar una bombilla	
cantar	
conducir un coche	
arreglar un ordenador	
coser	
jugar al ajedrez	
hablar cinco idiomas	
bailar	
cocinar	

16 | して良いですか? いけませんか? 標識を見て「～できる」「～できない」を答えましょう。

¿Puedes o no puedes? Fíjate en las señales y sigue el ejemplo.

Puedo cruzar.   No puedo cruzar.

¡Desde aquí suena bien! 聴いてみよう!

17 | 音声を聴いて写真の下にある単語の空欄に文字（j / g / gu）のいずれかを

書きましょう。*Escucha y completa con las letras adecuadas.*

yo....a   ....ía turístico   ba....ista   ar....entino   ....orro / ....uantes

....efa de   ....imnasio   ....ubilados   man......era   ....ardinero
estudios

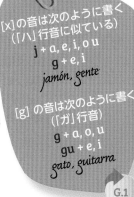

> [x]の音は次のように書く
> (「ハ」行音に似ている)
> j + a, e, i, o u
> g + e, i
> *jamón, gente*
>
> [g]の音は次のように書く
> (「ガ」行音)
> g + a, o, u
> gu + e, i
> *gato, guitarra*
>
> G.1

Y ahora vosotros... やってみよう!

18 | これらの人々はどんな特技を持っていますか? あなたはこれらのこと
ができますか? クラスメートと話しましょう。*¿Qué habilidades tienen
estas personas? ¿Tú puedes o sabes hacer estas cosas? Habla con tus
compañeros.*

 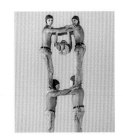  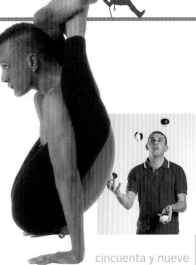

19 | 何をしましょうか。入場券を見て、自分が興味あるものを選びましょう。

¿Qué hacemos? Mira las entradas y elige qué plan prefieres.

– Yo quiero ir al partido.
> Yo prefiero un plan tranquilo, vamos al cine.

REAL MADRID C.F.
REAL BETIS BALOMPIÉ

Fondo norte   Asiento 23   Hora: 21:30

CAMPEONATO PRIMERA DIVISIÓN

Palacio de los Deportes de Madrid

MUSE

Viernes 28   HOY   09:00PM

GRADA 01   Nº 23873

CINES VAN GOGH
EL PERFECTO DESCONOCIDO
SALA 01   SESIÓN 22:45

MUSEO NACIONAL DEL PRADO

ENTRADA
10,00€

TEATRO MARAVILLAS
CÍA. LOMBÓ TEATRO:
"LA MEMORIA
(EL DÍA QUE ME QUIERAS)"

HORA: 22.00
EUROS: 12

20 | 他にどんなことができますか。あなたにしか出来ないこと（もしくは、あなたには決してできないこと）をクラスメートに話しましょう。

¿Qué más sabes hacer? Dile a tus compañeros las cosas más originales que sabes hacer (o no).

– No sé montar en bicicleta, pero sé conducir un barco.
> Pues yo sé cantar ópera y hacer taichí.

21 | あなたの国（出身地）はどんな所か教えて下さい。何が一番の自慢ですか。あなたは何が好きですか。何が嫌いですか。例に倣ってクラスメートと話しましょう。

¿Cómo es tu país? ¿Qué es lo mejor? ¿Qué te encanta? ¿Qué no te gusta? Fíjate en el ejemplo y habla con tus compañeros.

La comida española es la mejor del mundo porque está riquísima y hay muchos platos diferentes, pero no es picante y a mí me encanta la comida picante.

LA COMIDA · LA GENTE
LAS CIUDADES · LA MÚSICA
EL DEPORTE

22 これらの人々はインターネットのソーシャルネットワークで自己紹介をしています。あなたは誰と最も共通点が多いですか。それはなぜですか。クラスメートと話しましょう。*Estas personas hablan de sí mismas en una red social de Internet. ¿Con quién tienes más cosas en común? ¿Por qué? Habla con tus compañeros.*

Sara, 23 años, estudiante, Madrid.
Carácter. Soy una chica tranquila y sociable.
Gustos. Me encanta ir de compras. No me gusta nada ir al campo.
Aficiones. Leer, chatear, hacer deporte.
Habilidades. Hablo 5 idiomas. Hablo, entre otros, chino y japonés.

Javier, 32 años, periodista, Valencia.
Carácter. Soy optimista y tengo mucho sentido del humor.
Gustos. Me encanta leer y me gusta la música rock.
Aficiones. Tenis, *puenting*, fotografía, tocar la guitarra.
Habilidades. Sé cocinar una excelente paella valenciana.

Estrella, 40 años, actriz, Logroño.
Carácter. Soy una persona sencilla, alegre y enamorada de la vida.
Gustos. Me encantan las películas de terror. No me gusta el fútbol.
Aficiones. Viajar, salir con los amigos.
Habilidades. Soy imitadora. Puedo imitar a la gente famosa.

Andrés, 21 años, entrenador de baloncesto infantil, Cádiz.
Carácter. Soy simpático y espontáneo. No soporto la gente aburrida.
Gustos. Me gusta la música *hip-hop* y la comida rápida.
Aficiones. *Skateboard*, baloncesto, salir de fiesta.
Habilidades. Escribo poemas y hago rimas. Puedo "rapear" los poemas que escribo.

Y ahora vosotros... やってみよう！

23 カードに必要事項を記入しましょう。その後クラスメートに質問しながら、最も共通点の多い人を探しましょう。*Ahora rellena tu ficha y haz preguntas a tus compañeros para averiguar con quién tienes más cosas en común.*

| ¿Cómo eres? • ¿Qué te gusta? • ¿Qué te gusta hacer? • ¿Qué sabes hacer? |

Nombre, edad, profesión, ciudad.

Carácter ....

Gustos ....

Aficiones ....

Habilidades ....

とってもおいしい!
¡RICO, RICO!

En marcha

 1 | このようなレストランを知っていますか？
¿Conoces restaurantes así?

Restaurante de comida rápida

Restaurante bufé libre

Restaurante moderno

Restaurante lujoso

Restaurante original

Restaurante tradicional

Bar de tapas

TOMAR ALGOとは
「(空き時間などに)
食べたり飲んだりする」こと
TOMAR ALGO
significa comer y beber
entre horas.
¿Tomamos un café esta tarde?

2 | どの飲食店を選びますか？ *¿Qué restaurante de estos prefieres para..*

a) **tomar algo** con tus amigos?

b) **cenar** con tu pareja?

c) **comer** un lunes?

d) **merendar** con tu familia?

e) **desayunar** con un compañero de clase?

3 | あなたは何時に朝食、昼食、間食、夕食を食べますか？

¿Y tú, a qué hora..

desayunas?	comes?	meriendas?	cenas?

あなたは朝食と昼食の間に間食しますか？　*¿Tomas un aperitivo a media mañana?*

4 | 食事時間を表わす表です。あなたの国、クラスメートの国や地域の食事時間を記入して、スペインの食事時間も参考にしながら、クラスで話しましょう。 *Habla con tu compañero y compara las horas de las comidas de su país con las del tuyo y con las de España.*

	Desayuno	Aperitivo	Comida	Merienda	Cena
Tú					
Él/ella					
España	7:00 h – 9:00 h	11:00 h – 12:00 h	14:00 h – 15:00 h	17:00 h – 18:00 h	21:00 h – 22:00 h

5 | 食べ方ピラミッドを見てください。食品の名前を知っていますか?枠内の食品名と絵を結びつけましょう。

Mira la pirámide de la alimentación. ¿Conoces el nombre de estos alimentos? Relaciona cada palabra con su dibujo.

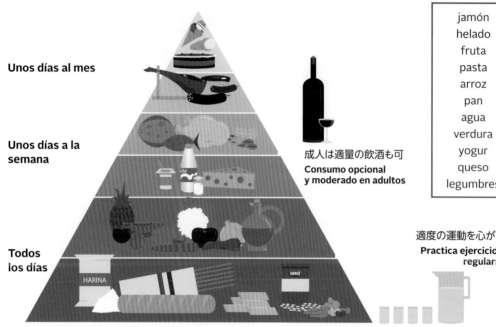

Unos días al mes

Unos días a la semana

成人は適量の飲酒も可
Consumo opcional y moderado en adultos

Todos los días

HARINA

ARROZ

適度の運動を心がけよう
Practica ejercicio físico regularmente

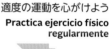

jamón	pollo
helado	vino
fruta	frutos secos
pasta	leche
arroz	pescado
pan	carne
agua	tarta
verdura	dulces
yogur	embutidos
queso	harina
legumbres	aceite de oliva

6 | あなたは地中海料理について知っていますか? 文章を読んで、下のアンケートに答えましょう。

¿Qué conoces de la Dieta Mediterránea? Lee el texto y después contesta las preguntas del test.

La Dieta Mediterránea es un estilo de vida basado en una alimentación equilibrada y variada. Los alimentos más comunes son:
- El pan y la pasta.
- El aceite de oliva.
- Un poco de vino durante las comidas.
- Las hortalizas, las frutas, los frutos secos y las legumbres.
- El pescado, las carnes blancas, los productos lácteos, los huevos y algo de carnes rojas y de dulces.

Estos son alimentos típicos de los países mediterráneos (España, Italia, Grecia y los países del Norte de África), donde las comidas se convierten en momentos para compartir con familiares y amigos.

Para una vida sana, son importantes también algunos hábitos como pasear al sol, el ejercicio físico, las tertulias y la siesta.

Adaptado de: http://www.alimentacion-sana.com.ar

TEST ¿Sigues de verdad la Dieta Mediterránea?

1. ¿Qué tipo de alimentos comes normalmente?
  a) Mucha fruta y verdura y pocas grasas.
  b) Mucha carne y queso y, a veces, fruta.
  c) Comida precocinada.

2. Cuando cocino...
  a) No uso aceite.
  b) Uso mantequilla.
  c) Siempre uso aceite de oliva extra virgen.

3. ¿Con quién sueles comer?
  a) Solo y viendo la tele.
  b) En casa, con mi familia.
  c) Fuera de casa, con los amigos.

4. ¿Cuántas veces tomas comida rápida?
  a) Nunca.
  b) Siempre.
  c) De vez en cuando.

5. ¿Con cuánta frecuencia bebes agua cada día?
  a) Siempre llevo una botella de agua.
  b) Solo bebo agua cuando como.
  c) No bebo nunca agua.

6. ¿Haces ejercicio físico a diario?
  a) Sí, voy a todos los sitios andando.
  b) Voy al gimnasio a menudo o practico algún deporte.
  c) No, no tengo tiempo.

7 | あなたは健康的な食生活を送っていますか? どんな食べ物が好きですか?あなたの食事をクラスメートの食事と比較してください。*Y tú, ¿comes bien? ¿Qué alimentos prefieres? Compara tu dieta con la de tu compañero.*

¡Desde aquí suena bien! 聴いてみよう!

8 | スペイン語には強いR（顫動音）と弱いR（弾き音）があります。下の枠内にある単語の音声を聞いて、右の欄に単語を書きましょう。*En español, tenemos una "r" fuerte y una "r" débil. Escucha y escribe las palabras en la tabla.*

ふるえ音・顫動音のR	はじき音のR

> receta • zanahoria • arroz • raciones
> bares • terraza • cereales • espárragos
> cocinero • calamares

9 | 次の早口言葉を声に出して読みましょう。*Lee este trabalenguas popular en voz alta.*

El perro de San Roque no tiene rabo
porque Ramón Ramírez se lo ha cortado.

ある物の名称を
知らない時に使う
ESTO これ/ **ESO** それ/
AQUELLO あれ
– ¿Qué es esto?
> Es arroz con leche.

10 | 下の枠内から料理名を選び、写真の左上にある ☐ の中に番号を記入しましょう。
Relaciona los platos con sus nombres. ¿Los conoces todos?

– ¿Qué es esto?
> Es gazpacho
– ¿Y qué lleva?
> Yo creo que lleva tomate, aceite, vinagre,...

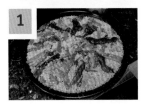

料理の材料を表す時に
LLEVANを使う（→動詞
llevar「〜が入っている」
の3人称複数形）

El guacamole lleva cebolla.

> **1** paella • **2** fabada • **3** gazpacho • **4** arroz con leche
> **5** huevos fritos • **6** tortilla de patatas • **7** ceviche • **8** guacamole
> **9** merluza • **10** arepas • **11** filete con patatas • **12** dulce de leche
> **13** ajiaco • **14** ensaladilla rusa • **15** congrí

Y ahora vosotros... やってみよう!

11 | あなたの国の代表的な料理を教えてください。材料は何ですか？ クラスメートはその料理を知っていますか？ あなたはいくつ知っていますか？ *Ahora, pensad en un plato típico de vuestro país: ¿qué ingredientes lleva? ¿Tus compañeros lo conocen? ¿Cuántos conoces tú?*

12 | ハイメとブランカは何を話しているでしょうか。よく聴いて空欄を埋めましょう。

Escucha la conversación entre Jaime y Blanca y fíjate bien en lo que dicen para rellenar los huecos.

| vas a • haciendo • Estoy • Qué te parece si • Cenamos |
| Lo siento • Vamos a • Por qué no • Y si • Es que |

Jaime: Sí, Blanca. Dime. Estoy en ...

Blanca: Te oigo mal. El móvil ... ¿Dónde estás? ¿Qué estás (1).....................?

Jaime: Estoy en la biblioteca y no hay cobertura. ¿Me oyes bien ahora?

Blanca: Sí, ahora sí.

Jaime: Y tú, ¿qué estás haciendo?

Blanca: (2)..................... viendo la tele en casa pero me aburro. ¿(3)..................... tomar un café?

Jaime: Lo siento; no puedo. El examen ...

Blanca: ¿Y qué (4)..................... hacer esta noche? ¿(5)..................... juntos?

Jaime: Esta noche no. (6)..................... el examen ...

Blanca: ¿Y si desayunamos mañana juntos?

Jaime: No puedo, es que el examen es a las diez. ¿(7)..................... quedamos para comer?

Blanca: ¡Imposible! (8).....................; los miércoles siempre como con mis abuelos. ¿(9)..................... cenamos?

Jaime: ¡Perfecto! Podemos ir a un restaurante o de tapas. ¿Qué prefieres?

Blanca: Prefiero ir de tapas.

Jaime: Vale. ¿Dónde quedamos?

Blanca: ¿A las ocho en la plaza?

Jaime: ¿(10)..................... paso a buscarte? Te doy un toque y bajas.

Blanca: Vale, hasta mañana y ¡suerte en el examen!

Jaime: ¡Gracias! Hasta mañana.

Sigue el rumbo... 順路に沿って

プランを立てるのに使われる表現	
プランを提案する	**賛成する**
Ir a + infinitivo *¿Vamos a tomar un café?* Verbo en 1ª persona plural *¿Cenamos juntos?*	**¡Vale!** **¡Perfecto!**
	断る
¿Y si + verbo en 1ª persona plural? *¿Y si desayunamos?* **¿Por qué no** + verbo? *¿Por qué no quedamos para comer?* **¿Qué te parece si** + verbo? *¿Qué te parece si paso a buscarte?*	**Lo siento** *Lo siento; no puedo.* **Imposible** *Imposible; tengo que estudiar.* **Es que** + frase *Es que los miércoles como con mis abuelos.*

Ir de...

tapas / pinchos / tiendas / copas / fiesta / compras

13 | 例に倣ってクラスメートを誘いましょう。あなたは誘われたら行きますか? 断りますか?

Haz planes para el resto de la clase. Y tú, ¿vas a aceptar o a rechazar los planes de tus compañeros?

– *¿Y si vamos a comer a mi casa?*
> *¡Perfecto!*

14 | ハイメとブランカはバルのはしごをしています。montadito、tosta、pincho、raciónがバルのカウンターにあります。写真のどれに当てはまるかわかりますか？ *Jaime y Blanca están de tapas. Esto es lo que ven en la barra del bar: montaditos, tostas, pinchos y raciones. ¿Cuál es cada uno?*

TAPEAR / IR DE TAPAS

タパスとは、スペインならほぼどこのバルにもある、飲み物と一緒に出されるおつまみ。週末は昼食や夕食をtapeo（おつまみの食べ歩き）で済ませる人も珍しくない。tapeoはそれ自体、スペイン人の習慣となっている。

Las tapas son pequeñas cantidades de comida que se sirven como aperitivo en casi todos los bares españoles para acompañar a la bebida. Los fines de semana no es raro comer o cenar de tapeo. El tapeo es en sí mismo un rito social.

Sigue el rumbo... 順路に沿って

現在分詞	行われている行為が進行中である状態を示すのに使われる

ESTAR	
yo	**estoy**
tú	**estás**
él/ella/usted	**está**
nosotros/nosotras	**estamos**
vosotros/vosotras	**estáis**
ellos/ellas/ustedes	**están**

+

-AR	-ER	-IR
bailar → bail**ando**	comer → com**iendo**	escribir → escrib**iendo**

leer --> leyendo
servir --> sirviendo
reír --> riendo

Y ahora vosotros... やってみよう!

15 | これらの人は何をしていますか？ *¿Qué están haciendo estas personas?*

Paso a paso 3
¡Bares, qué lugares! バルっていいね!

16 | アナとルイスはタパスが美味しいバルに来ています。何を注文したのでしょうか? 会話を聴いてください。*Escucha a Ana y a Luis en un bar de tapas. ¿Qué piden para beber y para comer?*

バルで役立つ表現

店員 Camarero

¿Qué les / os pongo?
¿Qué van / vais a tomar?
¿Alguna tapa?
¿Y de beber?

客 Clientes

A mí me pones...
Yo quiero...
Para mí...
Yo, un / una...
Un / Una...

会計時 Y al pagar

¿Cuánto es?
¿Me cobra / cobras?
¿Qué le / te debo?

Sigue el rumbo... 順路に沿って

G.15

	PONER
yo	**pongo**
tú	**pones**
él/ella/usted	**pone**
nosotros/nosotras	**ponemos**
vosotros/vosotras	**ponéis**
ellos/ellas/ustedes	**ponen**

Ponerse ropa → *Me pongo el abrigo.*

Poner algo en un bar → *¿Qué te pongo? / Me pones una caña.*

Poner bote → *Ponemos 10 € de bote, ¿vale?*

Poner la mesa → *En mi casa mi padre pone la mesa.*

17 | 少人数のグループでクラスメートと練習しましょう。一人が店員、他の人は客になります。飲み物は何にしますか?食べ物は何にしますか? *Practica con tus compañeros: uno será el camarero; otros serán los clientes. ¿Qué vais a tomar y qué tapa vais a probar?*

BEBIDAS
café
té
refresco
agua mineral sin gas
zumo de naranja
sangría
cerveza – botellín
cerveza – caña
vino tinto
vino blanco
vino rosado

TAPAS Y RACIONES
tortilla de patatas
pulpo a la gallega
patatas bravas
paella
montadito de lomo
calamares a la romana
tosta de gambas
tosta de salmón
tosta de jamón
chorizo frito
croquetas

Café, caña o vino + tapa 2€

18 | ①～④のセリフを読みましょう。メニューと日替わりメニューを見てこの人たちにはどんな料理がおすすめか話し合いましょう。あなただったら何を注文しますか? *Lee la carta y el menú del día. Comentad, tú y tus compañeros, qué platos pueden tomar estas personas. Y tú, ¿qué te pides?*

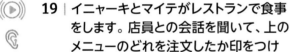

Carta

ENTRANTES

Tabla de ibéricos	12,00 €
Tabla de quesos	10,00 €
Ensalada mixta	6,50 €
Pimientos del piquillo rellenos	7,00 €

ARROCES Y PASTAS

Paella valenciana	8,00 €
Arroz con bogavante	10,00 €
Macarrones con setas	6,00 €
Lasaña vegetal	8,00 €

CARNES

Entrecot de buey	10,00 €
Filete de ternera	10,00 €
Chuletillas de cordero	8,50 €
Cochinillo asado	10,00 €

PESCADOS

Pulpo a la gallega	8,00 €
Bacalao al pil pil	8,00 €
Merluza a la plancha	10,00 €
Lubina al horno	10,00 €

POSTRES

Tarta de manzana	3,50 €
Helados (distintos sabores)	3,50 €
Crema catalana	4,00 €
Mousse de chocolate	4,00 €

① *Yo quiero un menú vegetariano.*

② *¡A mí me apetece pescado!*

③ *No tengo mucha hambre. Me apetece comer algo ligero.*

④ *Quiero comer a la carta, pero no tengo mucho dinero.*

Menú del día

PRIMER PLATO
Arroz negro con calamares
o
Sopa castellana

SEGUNDO PLATO
Bacalao rebozado con pisto
o
Pechuga de pollo con verduras

POSTRE
Flan o Natillas

Incluye pan, agua o vino o cerveza y café.

ランチメニューは10ユーロ前後。
前菜、メイン、デザートを
数種類の中から選ぶことができる。
パンと飲み物も含まれる。
いろいろな種類の料理がおいしく、
リーズナブルな料金で食べられる。

El menú del día suele costar alrededor de 10€. Puedes elegir un primer plato, un segundo plato y un postre. También incluye pan y bebida. Es una forma muy buena de comer rico, variado y por un buen precio.

19 | イニャーキとマイテがレストランで食事をします。店員との会話を聞いて、上のメニューのどれを注文したか印をつけましょう。 *Iñaki y Maite van a comer en un restaurante. Escucha su conversación con el camarero y señala en la carta qué piden.*

レストランで役立つ表現	
注文する時 Para pedir	**店員 Camarero**
Yo voy a pedir, de primero... Para mí... A mí me apetece... Yo prefiero... Yo quiero...	¿Saben ya que van a tomar? ¿Qué les traigo? ¿Van a tomar postre?
	会計時 Y al pagar
	¿Nos trae la cuenta, por favor?

Y ahora vosotros... やってみよう!

20 | 今度は少人数のグループで練習しましょう。私たちはレストランで食事をします。一人が店員、他の人は客になります。何を注文しますか? 日替わりメニューの内容は何ですか?
下のテーブルの写真をよく見てください。右のテーブルに足りないものは何ですか?
Y ahora, en grupos, nos vamos a comer a un restaurante: una persona será el camarero, el resto, clientes. ¿Qué vais a pedir? ¿Cuál es el menú del día? Y fíjate bien en la mesa: ¿os falta algo?

– *Camarero, falta una servilleta.*
> *Ahora la traigo.*

– *Camarera, faltan dos cuchillos.*
> *Ahora mismo los traigo.*

unidad 6

Recta final
¿Comemos fuera o cocinamos en casa? 外食する？それとも家で料理する？

21 | ### Sopa de letras. Los alimentos.

ワードパズル（シークワーズ）

右の盤面から食品に関する単語10個を探しましょう。縦・横・斜め、上下左右、一直線であればどちらから読んでもかまいません。

Busca, entre las letras del recuadro,10 palabras relacionadas con alimentos, teniendo en cuenta que pueden leerse de izquierda a derecha , de derecha a izquierda, de abajo arriba , de arriba abajo y en diagonal.

H	S	C	A	N	A	D	F	P	R
L	O	A	R	U	D	R	E	V	I
E	I	R	G	E	U	S	R	S	D
G	D	N	T	T	C	X	R	N	E
U	I	E	A	A	M	E	U	Q	C
M	O	H	D	C	L	L	G	B	U
B	T	O	A	M	E	I	O	P	V
R	E	B	T	Z	C	I	Z	O	A
E	O	V	E	U	H	R	T	A	E
D	M	C	E	R	E	A	L	E	S

22 | ジェスチャーも多くのことを伝えます! 次の写真を見てそれぞれの意味をクラスメートと話し合いましょう。あなたたちの国でも同じジェスチャーをしますか? *¡Con gestos también decimos muchas cosas! Mira las imágenes y comenta con tus compañeros qué significa cada una. ¿Utilizáis los mismos gestos en vuestros países?*

23 | タペオ（タパスを食べながらバルをはしごする）の習慣を知っていますか?タペオの習慣についての説明が正しいか間違いかクラスメートと話し合いましょう。 *¿Conoces las costumbres del tapeo? Comenta con tus compañeros cuáles de estas frases son verdaderas y cuáles no.*

1.- El tapeo se hace normalmente de pie, en la barra del bar.

2.- Hay que cambiar de bar, pasear y conocer otros bares.

3.- Tienes que dejar propina siempre.

4.- Es normal tirar palillos y servilletas al suelo.

5.- Nunca tomamos bebidas alcohólicas con las tapas.

6.- Es habitual tomar tapas con bebidas calientes como café y té.

7.- Solo se sirven tapas por la tarde.

8.- Lo normal para pagar es poner bote o pagar por rondas.

9.- La idea es divertirse. La conversación tiene que ser agradable y tranquila.

10.- Es costumbre ir de tapas solo.

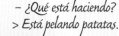
 24 | 何をしているところでしょうか? クラスメートに言いましょう。

¿Qué están haciendo? Díselo a tus compañeros.

– *¿Qué está haciendo?*
> *Está pelando patatas.*

pelar

freír

añadir - echar

remover

untar

rellenar

calentar

cortar

cocer

servir

 25 | ベネズエラの代表的な料理 "アレパス" のレシピを読みましょう。練習24で出てきた動詞を使って
空欄を埋めましょう。*Lee la receta de las arepas, un plato típico de Venezuela. Complétala con los verbos de la actividad anterior.*

Ingredientes:

– 1 vaso y ½ de agua caliente
– 1 vaso de harina de maíz
– aceite de oliva
– sal
– para el relleno:
  carne, queso, salsas,
  verduras...

Primero hay que (1)......................... el agua caliente, la harina y un poco de sal en un recipiente. Luego tienes que (2)......................... todo hasta formar una masa homogénea. Después, haz bolas con las manos y aplástalas para hacer tortitas circulares. Una vez preparadas las tortas de masa, pon a (3)......................... aceite de oliva en una sartén y fríe las arepas de una en una. Tienes que (4)......................... las arepas por los dos lados durante dos minutos. Ya solo falta (5).........................las con carne, verdura, queso, salsas o (6).........................las con mantequilla y ¡comérselas!

26 | スペイン風オムレツを作れますか? 以下の作り方の手順を正しく並べましょう。

¿Sabes hacer tortilla de patatas? Ordenad los pasos entre todos.

a) Freírlas a fuego lento durante 10 minutos y así no se pegan.
b) Freírla durante 3/4 minutos a fuego lento por un lado.
c) Dar la vuelta con la ayuda de un plato y freírla por el otro lado.
d) Batir los huevos y echar sal.
e) Pelar y cortar las patatas y la cebolla.
f) Echar las patatas y la cebolla y remover todo muy bien.
g) Echar la mezcla en una sartén con un poco de aceite.
h) Calentar aceite en una sartén y freír las patatas y la cebolla con un poco de sal.

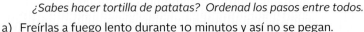

Y ahora vosotros... やってみよう!

 27 | あなたの国の代表的な料理の作り方の手順を書きましょう。あなたのクラスメートが紹介した料理は気に入りましたか? 実際に作るとしたらどれがいいですか? 話し合いの上、多数決で一番いいと思われるレシピを選んだら、ブログLa cocina de Paquitaで公表しても良いでしょう。*Escribe una receta de un plato típico de tu país, paso a paso. ¿Te gustan las recetas de tus compañeros? ¿Cuál vas a cocinar? Elige la mejor de todas: puedes comentarla, votarla y publicarla en el blog "La cocina de Paquita".*

comentar receta

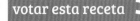
votar esta receta

publica tu receta

– *Yo creo que las arepas están muy ricas.*
> *Yo no, yo prefiero comer la tortilla de patatas.*

買い物
DE COMPRAS

1 | あなたは普段どこで買い物をしていますか?

¿Y tú, dónde compras normalmente?

mercado：屋内にある常設の市場のこと。毎朝生鮮食品などが並ぶ。通常は昼過ぎ2時ごろまで営業しているが、場所によるので確認が必要。スペインではバレンシアが有名。

El **mercado** es un lugar cerrado en el que podemos encontrar todas las mañanas alimentos frescos: fruta, verdura, carne, pescado, etc. Uno de los más famosos de España es el de Valencia.

rastro：フリーマーケットのこと。服、食品、古物、骨董品などが売られている。ほとんどの町や村で、1週間に1日、特に土曜、日曜の場合が多く、昼過ぎまでやっている。マドリードのラストロはスペインで一番有名である。

El **rastro** es un mercado al aire libre. En él podemos encontrar todo tipo de cosas: ropa, comida, objetos de segunda mano, antigüedades, etc. Hay rastro en casi todas las ciudades y pueblos un día a la semana, sobre todo los sábados y los domingos, por la mañana. El más famoso de España es el de Madrid.

centro comercial：スーパーや店舗、レストラン、映画館などが入ったショッピングモールのこと。

El **centro comercial** es un edificio de gran tamaño en el que podemos encontrar supermercados, tiendas, restaurantes, cines, etc.

tiendas 24 horas：食料品、日用品を扱う小型のスーパー。無休で24時間営業。

Las **tiendas 24 horas** son pequeños supermercados en los que podemos encontrar productos básicos a cualquier hora del día, todos los días del año.

 2 下の枠内の物はどこで買うことができるでしょうか？

¿Dónde puedo comprar..?

- Una camiseta barata
- Un vestido para una boda
- Pescado fresco
- Algo para cenar. Son las 22:00 y la nevera está vacía.

3 | スーパーの中でまごつかないで!どの売り場でこれらの物を買えるでしょうか? 下の空欄に書きましょう。

¡No te pierdas por los pasillos del súper! ¿En qué secciones podemos comprar estas cosas?

jamón serrano   manzanas   gambas   tomates   hamburguesas   pulpo   plátanos   pechuga de pollo   salmón

zanahorias   mejillones   calamares   filete de ternera   naranjas   chorizo   merluza   chuletas de cordero   lechuga

CARNICERÍA

PESCADERÍA

FRUTERÍA

4 | ハビエルとタマラとセルヒオはマンションのルームメートです。タマラとセルヒオは家に買い物リストを忘れてしまったのでハビエルに電話しました。通話内容を聴いて何が必要なのかメモしましょう。*Javier, Tamara y Sergio son compañeros de piso. A Tamara y a Sergio se les ha olvidado en casa la lista de la compra. Escucha la llamada a Javier y apunta qué necesitan comprar.*

Tenemos que comprar...

Sigue el rumbo... 順路に沿って

不定語	
形容詞	**代名詞**
algún / alguna / algunos / algunas *Compra algún yogur.*	**alguno / alguna / algunos / algunas** *Compra alguno.*
ningún / ninguna *No hay ninguna cebolla.*	**ninguno / ninguna** *No hay ninguna.*
otro / otra / otros / otras *¿Cojo otra bolsa de naranjas?* *¿Cojo otra?*	

	有	無
人	**alguien** *¿Alguien ha hecho la compra?*	**nadie** *Nadie ha hecho la compra.*
物	**algo** *Queda algo en la nevera.*	**nada** *No queda nada en la nevera.*

数量詞

demasiado/a/os/as
mucho/a/os/as
suficiente/s   (+ 名詞)
bastante/s
poco/a/os/as

No podemos hacer el gazpacho: tenemos bastante aceite y suficiente cebolla. Incluso demasiados pepinos; pero tenemos pocos tomates.

重要:
Hay pocos tomates.
(Tomates) hay pocos.

G.10

5 | フェルナンドは青果店で買い物をしました。店員のペドロさんとの会話を聴いて、吹き出しの中の空欄を埋めましょう。

Fernando acaba de hacer la compra en la frutería. Escucha el diálogo con el frutero, Pedro, y completa.

市場での買い物に役立つ表現
店員 Vendedor
¿Qué te / le pongo? ¿Alguna cosa más? ¿Algo más?
客 Cliente
¿Me das / pones un kilo de naranjas? Dame / Ponme cien gramos de jamón york. ¿A cuánto están los calamares? Un kilo de manzanas, por favor. ¿Cuánto es todo? ¿Cuánto te / le debo?

¡Fernando! ¿Qué tal? ....

¡Hola, Pedro! Pues, una bolsa de patatas y dos kilos de manzanas, por favor.

¿Alguna cosa más?

Mmm, sí. ¿........................?

1,90 € el kilo. ¿Cuántos quieres? ¿Un kilo?

Un kilo es .... Dame tres y .... cebolla.

Vale, unas cebollitas. ¿........................?

Nada más. ¿Cuánto es todo?

Son ....

Aquí tienes. Muchas gracias, Pedro.

Gracias a ti, hasta luego.

6 | それぞれふさわしい容器に！ 枠内の容器の名称と写真の食品を結びつけましょう。次に、それらの食品の数量を計る単位を左の枠内から選んで答えましょう。食品の名前が分からない場合は、先生に質問しましょう。 *¡Cada cosa con su envase! Relaciona los alimentos con su envase y sus medidas. Si no conoces el nombre de algún alimento, pregunta a tu profesor.*

kilo/s (k)
gramo/s (gr.)
litro/s (l)

botella • cartón • bote • lata • paquete

Agua: 2 litros de agua. Una botella de agua.

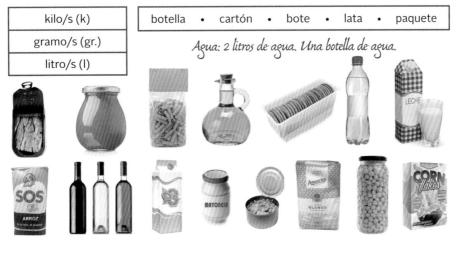

Los números

100	cien
101	ciento un(o) / -a
102	ciento dos
103	ciento tres
104	ciento cuatro
...	
110	ciento diez
111	ciento once
112	ciento doce
...	
120	ciento veinte
121	ciento veintiuno / -a
...	
130	ciento treinta
140	ciento cuarenta
150	ciento cincuenta
...	
200	doscientos / -as
205	doscientos / -as cinco
210	doscientos / -as diez
220	doscientos / -as veinte
...	
300	trescientos / -as
400	cuatrocientos / -as
500	quinientos / -as
600	seiscientos / -as
700	setecientos / -as
800	ochocientos / -as
900	novecientos / -as
...	
1000	mil

7 | スペイン語には食べ物の名前を使った表現がたくさんあります。少し見てみましょう。理解できなければそれらの意味を先生に聞きましょう。あなたの国の言語では、このような表現がありますか？ *En español existen muchas expresiones que usan nombres de alimentos. Aquí tienes algunas. Lee y pregunta a tu profesor por su significado si no comprendes. ¿Y en tu lengua, existen expresiones parecidas?*

> Cuando Julia lo mira, el frutero Pedro **se pone como un tomate**.
> Clara está muy nerviosa. **Está como un flan**.
> Jaime no tiene mucha suerte con las chicas, pero algún día encontrará su **media naranja**.
> Todas las cosas que están de oferta **se venden como churros**.
> El examen es muy fácil. **Es pan comido**.

Y ahora vosotros... やってみよう！

8 | では買い物に行きましょう。先生の指示に従ってください。

Ahora vamos a hacer la compra. Sigue las instrucciones de tu profesor.

unidad 7
Paso a paso 2
¿Qué me pongo? 何着よう

9 | イサベルとマルコスは旅に出ます。イサベルはベネズエラのマラカイボ湖にマルコスは
アルゼンチンのウスアイアに行きます。2つの都市についての情報を読んで彼らの荷
造りの手伝いをしましょう。何が必要ですか? クラスメートと話し合いましょう。*Isabel
y Marcos se van de viaje. Isabel a Maracaibo y Marcos a Ushuaia. Lee la información sobre las
dos ciudades y ayúdales a hacer la maleta. ¿Qué van a necesitar? Habla con tus compañeros.*

PONERSE y LLEVAR

*Me pongo el abrigo
porque hace frío.*

*Esa chica lleva una
camiseta muy bonita.*

La ciudad argentina de Ushuaia es una
de las ciudades más al sur del mundo.
La temperatura media anual es de 5º C.
¡Qué frío!

– *Yo creo que Marcos necesita...*
> *Para mí, Isabel necesita....*

Maracaibo es una ciudad venezolana.
Es una de las ciudades más calurosas
del mundo.

柄物 Estampados	生地 Tejidos	色 Colores
de cuadros • de rayas • de flores de lunares • liso	de lana • de algodón • de lino de seda • de cuero	rojo • naranja • amarillo • verde • azul rosa • violeta • gris • negro • blanco

10 | ファッションショーへようこそ! モデルの写真を見てください。何を身に着けていますか? 気にいりまし
たか? クラスメートと話しましょう。*¡Bienvenidos a la pasarela! Mira las fotos de estos modelos. ¿Qué llevan
puesto? ¿Os gusta su estilo? Habla con tus compañeros.*

スタイル Estilos
formal – informal
elegante – deportivo
clásico – moderno

11 | ショッピングに行きましょう! 下の枠内に書かれている場面ではどんな
服装が必要ですか? *¡Vamos de compras! ¿Qué ropa necesitas para ir..*

- a una boda?
- a una fiesta en la playa?
- a un campamento?
- a una entrevista de trabajo?

HACER LA COMPRAとは
食料品や飲み物など
日常の買い物を意味する。
IR DE COMPRASは衣類
や他の物を買いに行くこと
を意味する。

12 | 会話を聴いて、それぞれの絵を順番に並べ換え、番号を付けましょう。

Escucha esta conversación y ordena las viñetas.

Sigue el rumbo... 順路に沿って

	男性	女性
単数	**lo**	**la**
複数	**los**	**las**

G.11.2
3 人称の直接目的語人称代名詞

– *¿Quién hace la tortilla de patatas?*
 > *Yo la hago.*

– *¿Tienes ya las entradas del concierto?*
 > *No, voy a comprarlas mañana.*

– *¿Lees el periódico?*
 > *Sí, lo leo todas las mañanas.*

– *¿Tienes aquí folios?*
 > *No, los tengo en casa.*

CUÁLまたはCUÁLESは、既に知っている人や物の集合体の中の、どれ、どちら、何、誰、であるかを質問する時に使う。

– *¿Cuál prefieres?*
 > *La verde.*

以下のことに注意。

G.9

~~¿Cuál camisa te gusta más?~~
¿Qué camisa te gusta más?

13 | 何のことを言っているのでしょう。例に倣って目的語の代名詞が何を表しているのか写真と結びつけましょう。 *¿De qué estamos hablando? Relaciona los complementos directos con las imágenes.*

1) Me gusta ver**la** por la noche.
2) **Los** tengo de varios colores.
3) ¿Me **lo** puedo comer?
4) **Las** necesito para leer.
5) Me **la** como de postre.
6) ¿Puedo pagar**la** con tarjeta?

Y ahora vosotros... やってみよう!

14 | 先生が提示するファッションのブログを読んで、繰り返し現れる単語を直接目的語の代名詞に置き換えましょう。 *Leed el blog de moda que os da el profesor y cambiad las palabras que se repiten por complementos directos.*

15 | 感謝セール中です：今日は特売日です。音声を聴いて、カタログの値段を特売の値段に書き換えましょう。*Estamos de enhorabuena: hoy precios aún más bajos. Escucha, borra el precio del catálogo y escribe el precio de la oferta del día.*

SECCIÓN
MONTAÑA Y DEPORTES

34´95
Abrigo deportivo
·Interior de forro polar
·Impermeable
·Gorro extraíble+
·Varios colores

49´95
Botas de montaña
·Interior de forro polar
·Impermeable
·Suela flexible
·Varios colores

19´95
Tienda de campaña
·Impermeable
·Impermeable
·Doble entrada
·Varios colores

30%

SECCIÓN
HOGAR   **REBAJAS**

PROMOCIÓN
3x2
Sillas de salón

1€
Vasos
·Varios colores
·Plástico

35€
Vajilla de porcelana
·18 piezas
·Cerámica

REBAJADO

3€
Botellas
·Varios colores
·Plástico

10€
Cafetera
·Modelo italiano
·Aluminio

SECCIÓN
TECNOLOGÍA   OFERTAS ESPECIALES

YO SOY ESA

3x2
Películas

429€
Ordenador portátil
·3gigas de RAM
·Disco duro 1Tb
·Duo CORE II

249€
Consola
·dos mandos
·varios juegos

19€
Teléfono inalámbrico
·Batería extraíble
·Autonomía 5h
·Base de datos

16 | 素材は何ですか？ 下の枠内から選んで書きましょう。*Esto es de..*

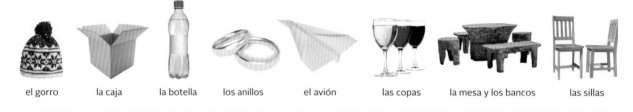

el gorro • la caja • la botella • los anillos • el avión • las copas • la mesa y los bancos • las sillas

| cristal • madera • plástico • piedra • papel • cartón • lana • plata |

17 | テレビショッピングへようこそ! コマーシャルを聴いて、写真の商品と下の枠内の商品の特長を表す語句を結びつけましょう。*¡Bienvenidos a la Teletienda! Escucha los anuncios y relaciona las características con cada artículo en venta.*

Teletienda

"Compra desde casa: llama ahora y disfruta de nuestras ofertas"

| resistente • ligero • cómodo • forma cuadrada • acero inoxidable • clásico
moderno • forma redonda • suave • blando • elegante |

18 | 左の枠内の単語の反意語を右の枠内から選びましょう。
Relaciona cada palabra de la izquierda con su contrario de la derecha.

| suave • bonito • blando • ligero
antiguo • claro • útil • resistente
cómodo • limpio • caro • elegante |

| duro • incómodo • sucio • áspero
moderno • barato • inútil • vulgar
pesado • frágil • feo • oscuro |

19 | なぞなぞを解きましょう。 *Adivina adivinanza..*

1) Es una cosa que usamos en clase. Tiene hojas de papel y sirve para aprender español.
2) Es algo que sirve para ir de un sitio a otro. Tiene dos ruedas y la usan niños y adultos.
3) Es una cosa de madera. Sirve para escribir.
4) Es una cosa que sirve para beber. Pueden ser de plástico o cristal.
5) Es algo que sirve para ver mejor. Tienen una parte hecha de cristal y otra de plástico.

Sigue el rumbo... 順路に沿って

目的 FINALIDAD	受取人 DESTINATARIO
Para + 不定詞	**Para** + 人
Las tijeras sirven para cortar.	*– ¿Qué es esto? ¿Es un regalo para mí?*
Para ir a la plaza, sigue recto.	*> No, no es para ti. Es un regalo para Edu.*
Estudio español para trabajar en Hispanoamérica.	

G.12

関係詞 EL RELATIVO
名詞 + **que** + 動詞
El chico que está hablando me gusta.
Me gusta la ropa que llevas hoy.
Los jardines que hay al lado de mi casa son preciosos.

G.11.2

Para + 人
mí
ti
él, ella, usted
nosotros/as
vosotros/us
ellos, ellas, ustedes
Ana, Pedro,...

20 | 想像力がものを言う! 下の発明品は何のために役立つでしょうか? 皆さん、意見は同じですか?
¡Imaginación al poder! ¿Para qué sirven estos inventos? ¿Pensáis todos lo mismo?

Y ahora vosotros... やってみよう!

21 | このゲームは la palabra prohibida といいます。先生から提示された言葉の意味を説明しましょう。ただし、カードに書いてある二つの単語は使用禁止です。*Jugamos a la palabra prohibida. Define las palabras que te da tu profesor; pero ¡cuidado con lo que dices!*

Recta final
¡Vamos a hacer una fiesta! パーティーをしよう！

22 グループでクラスメートのためにサプライズパーティーを企画しましょう。みんなで決めましょう。

En grupos, vais a organizar una fiesta sorpresa para un compañero de clase. Decide con tus compañeros:

¿Cuándo y dónde celebramos la fiesta?
Lugar:
Fecha y hora:

23 パーティーに必要な物の買い物リストを作りましょう。

Aquí tenéis dos listas de la compra ¿Qué necesitáis para la fiesta?

Comida
- Patatas

Otras cosas
- Globos

もらったプレゼントはその場で開けます！

24 何をプレゼントしますか？ まずは、その人の好みや個性等を考えましょう。プレゼント代はいくらにしますか？ *¿Qué le vais a regalar? Pensad primero en sus gustos, sus aficiones, su carácter.. ¿Cuánto dinero os vais a gastar?*

25 次にプレゼントを買う必要があります。あなた方が買おうとしているものを店員さんに説明しましょう。 *Ahora, tenéis que comprar el regalo. Explicad al dependiente lo que buscáis.*

26 お祝いをしてあげるクラスメートの家族もパーティーに招待しましょう。電話で、場所と日時、持って来てほしいものを伝えましょう。 *Tenéis que invitar a la fiesta a algunos familiares de vuestro compañero. Llamadlos y decidles dónde y cuándo se celebra la fiesta y qué tienen que traer.*

27 | バースデーカードをみんなで書きましょう。 *Escribid entre todos una tarjeta de felicitación.*

¡Felicidades!

¡Feliz cumpleaños!

¡Felices 22!

FELICIDADES

28 | ハッピーバースデーの歌を歌ってプレゼントをあげましょう。
Cantad el "Cumpleaños feliz" a vuestro compañero y dadle el regalo.

*Cumpleaños feliz
cumpleaños feliz
te deseamos todos,
cumpleaños feliz.*

誕生日の人の
◀ 耳を引っ張る習慣が
あります!!

En muchos países es habitual poner velas sobre la tarta. La persona que celebra su cumpleaños pide un deseo y después sopla las velas. Además, en Argentina, en España y en Argentina es costumbre tirar de las orejas de la persona que cumple años tantas veces como años cumple.

En España, cuando recibimos un regalo, lo abrimos rápidamente delante de la(s) persona(s) que nos lo ha(n) regalado. Además, damos las gracias varias veces y decimos que nos gusta mucho.

29 | 参加者の中にはお互いに知らない人がいます。紹介してあげましょう。名前、出身地、職業などを伝えましょう。 *Algunos invitados de la fiesta no se conocen. ¡Preséntalos! Di cómo se llaman, de dónde son, en qué trabajan,...*

30 | パーティーでゲームをします。これな〜に？ 先生の指示に従って進めましょう。 *Juegos en la fiesta: ¿Adivina qué? Sigue las instrucciones de tu profesor.*

健康ライフ
SABER VIVIR

En marcha

1 | 写真を見て健康的な生活を送るために良い習慣なのか悪い習慣なのか言いましょう。*Mira las imágenes y señala cuáles son buenos y cuáles son malos hábitos para llevar una vida sana.*

Hacer ejercicio

Fumar

Dormir

Desayunar

Comer con mucha sal

Beber mucha agua

Trabajar con el ordenador

Llevar una vida sedentaria

Tomar el sol

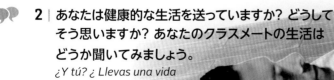

2 | あなたは健康的な生活を送っていますか？ どうして
そう思いますか？ あなたのクラスメートの生活は
どうか聞いてみましょう。
*¿Y tú? ¿ Llevas una vida
sana? ¿Por qué?
¿Y tus compañeros?*

3 | 今日の調子はどうですか?枠内の形容詞と顔の表情を結びつけましょう。

¿Cómo estás hoy? Relaciona cada cara con su estado de ánimo.

Estoy...
cansado/a • triste • asustado/a • sorprendido/a • estresado/a • enamorado/a
enfadado/a • eufórico/a • emocionado/a • aburrido/a • deprimido/a • feliz
pensativo/a • relajado/a

4 | 「tener+名詞」を使って状態を表す練習です。枠内の名詞を用いて空欄を埋めましょう。次に文と写真を組み合わせましょう。*¿Quién tiene qué? Relaciona las palabras con su imagen y completa las frases.*

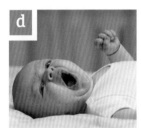

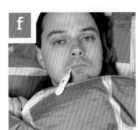

1) ¡Quita la película! Tengo mucho ....

2) Está bostezando. Vámonos, el bebé tiene ....

3) Estoy cansadísima y tengo demasiado .... en el trabajo.

4) ¡Vaya día! ¡40 grados! Tengo mucho ....

5) Mario tiene mucha .... después de entrenar.

6) Tengo ....; este abrigo no es suficiente.

7) Mi sobrina siempre tiene .... cuando sale del colegio.

8) ¡Qué mal me encuentro! Yo creo que tengo ....

miedo •	frío •	calor
sed •	hambre •	fiebre
sueño	•	estrés

5 | 天気によって気分が変わりますか? 次の天気の場合、あなたはどんな気分になりますか。*estar*と*tener*を使って答えましょう。*¿El clima afecta a tu estado de ánimo? Di cómo estás o qué tienes cuando..*

 ... hace sol   ... llueve   ... hay nubes y claros   ... nieva

6 | ストレスを感じていますか？大都市の生活とストレスについて書かれた次の文章を読みましょう。

¿Tienes estrés? Lee este texto sobre el estrés y la vida en las grandes ciudades.

En la actualidad, las personas que viven en las grandes ciudades tienen un ritmo de vida cada vez más acelerado. Ir corriendo a todas partes, el ruido, el humo o la cantidad de gente en las calles son factores de estrés que crean cansancio en las personas. Además, se viven situaciones de estrés y tensión con los compañeros de trabajo, con los amigos, con nuestros hijos o nuestros padres por este ritmo de vida agotador. Cuando sufrimos estrés, perdemos el control: no estamos en paz con nosotros mismos, no nos cuidamos, no nos gusta lo que hacemos y todo son problemas sin solución.

Para controlar nuestras emociones es importante que nos tomemos un tiempo para cuidar y mantener nuestra mente sana y feliz, además de nuestro cuerpo. Tener una dieta sana y hacer deporte es necesario, pero también es bueno buscar momentos para divertirnos, relajarnos y desconectar un poco de las complicaciones diarias y de nuestras emociones negativas.

7 | あなたはどういう場合にストレスを感じますか？ どういう場合にやすらぎを感じますか？ クラスメートと話しましょう。*¿Y a ti qué te estresa? ¿Y qué te relaja? Habla con tus compañeros.*

Me estresa...	Me relaja...
Me estresan los atascos	*Me relaja bailar un tango*

8 | 踊ることは良い運動になるし、ストレスの解消になります。下の図はタンゴのステップを示したものです。体の部位を表す単語を用いて空欄を埋めましょう。*Bailar es una buena manera de reducir el estrés y estar en forma. Mira estos pasos de tango y completa los textos con las partes del cuerpo señaladas por las flechas.*

María y Diego son profesores de tango y nos van a enseñar algunos pasos de este famoso baile argentino.

Diego: Estira el (1)................ izquierdo y, con el derecho, rodea la (2)................ de María. Sus (3)................ están rectas y, entre ellas, está la pierna derecha, doblada, de María.

María: Estira la pierna izquierda y dobla la derecha entre las de Diego. Con el brazo izquierdo abraza a Diego y pone la (4)................ sobre su (5)................

Diego: Con el brazo derecho rodea el cuerpo de María. El izquierdo lo tiene doblado por el (6)................

María: Tiene estirada la pierna izquierda y dobla un poco la derecha por la (7)................ Su brazo derecho está estirado.

Diego y María: Los dos están cogidos de la mano. Tienen la (8)................ recta y se miran a la (9)................ Tienen los (10)................ muy juntos.

Diego: Tiene la pierna derecha estirada y sostiene a María con el brazo derecho. Mira hacia el (11)................ y el (12)................ de María.

María: Echa la (13)................ hacia atrás y apoya el cuerpo en Diego. La pierna izquierda está doblada y entre las piernas de Diego. La derecha está estirada y hacen línea recta la rodilla, el (14)................ y el pie.

Sigue el rumbo... 順路に沿って

G.15	ENCONTRARSE	SENTIRSE
yo	**me encuentro**	**me siento**
tú	**te encuentras**	**te sientes**
él/ella/usted	**se encuentra**	**se siente**
nosotros/nosotras	**nos encontramos**	**nos sentimos**
vosotros/vosotras	**os encontráis**	**os sentís**
ellos/ellas/ustedes	**se encuentran**	**se sienten**

Me encuentro mal, creo que tengo fiebre.
¿Te sientes bien? Tienes mala cara.

G.15	DOLER
(a mí)	**me**
(a ti)	**te**
(a él/ella/usted)	**le**
(a nosotros/as)	**nos**
(a vosotros/as)	**os**
(a ellos/ellas/ustedes)	**les**

duele + 名詞（単数）
Me duele la espalda.

duelen + 名詞（複数）
Me duelen las piernas.

Me duele la cabeza = *Tengo dolor de cabeza.*

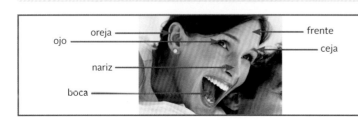
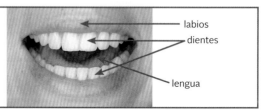

ojo — oreja — frente — labios
nariz — ceja — dientes
boca — lengua

9 | どこが痛いのでしょうか？ *¿Qué les duele a estas personas?*

Le duele la garganta.

la cabeza • la espalda
los dientes / las muelas • el brazo
el pie / el tobillo • la pierna • la rodilla
la barriga • el cuello

10 | 写真の人達を見てください。何があったのでしょうか？音声を聴いて、それぞれの状態を描写しましょう。
Mira estas personas. Escucha y escribe qué les pasa.

 a
 b
 c
 d
 e
 f

Y ahora vosotros... やってみよう！

11 | なぞなぞです。身体のどの部分のことを言っているのでしょうか。ペアでなぞなぞを解きましょう。その後、同じような「なぞなぞ」を作ってクラスメートに解いてもらいましょう。*Lee estas adivinanzas. ¿De qué partes del cuerpo se está hablando? Habla con tus compañeros y luego, en parejas, inventad otras adivinanzas. El resto de la clase tendrá que adivinar.*

a
Solo tres letras tengo
pero tu peso sostengo.
Si me tratas con cuidado,
te llevo a cualquier lado.

b
Gorda o delgada,
grande o pequeña
cuando soy de un boxeador
recibo muchísima leña.

c
En una oscura cueva
hay una rosa colorada,
que llueva o no llueva
siempre está mojada.

d
Estamos como
soldados en una fila
y somos carniceros
toda la vida.

12 | 次の健康増進キャンペーンの広告にふさわしい語句を下の枠内から選びましょう。

Mira estas campañas de publicidad y completa los huecos con las frases de abajo.

y mueve tu vida	¡No te rindas!	resuelve tus dudas con tu farmacéutico
bebe -, disfruta +	llama al	no te comas la cabeza

13 | あなたの国ではどんな健康増進キャンペーンをしていますか？
何が一番大事だと思いますか？ *¿Qué campañas de salud hacen en
tu país? ¿Cuáles te parecen más necesarias?*

Sigue el rumbo... 順路に沿って

肯定命令と否定命令

		Tú	Vosotros/as	Usted	Ustedes
肯定		llama	llamad	llame	llamen
		come	comed	coma	coman
		escribe	escribid	escriba	escriban
否定		no llames	no llaméis	no llame	no llamen
		no comas	no comáis	no coma	no coman
		no escribas	no escribáis	no escriba	no escriban

二人称単数が不規則な動詞

DECIR	HACER	IR	PONER	SALIR	SER	TENER	VENIR
di	haz	ve	pon	sal	sé	ten	ven

命令の用法だけではなく、依頼や助言、禁止にも使われる。

El imperativo tiene muchos valores en español. No sirve solo para dar órdenes; también sirve para pedir, aconsejar, prohibir,...

義務、必要、助言の表現
OBLIGACIÓN, NECESIDAD, CONSEJO

Tener que	
Necesitar	+ 不定詞
Deber	

Tienes que practicar deporte.
Necesitáis ir de vacaciones.
Debes comer más sano.

14 | 枠内の語句を使って写真の人たちにアドバイスをしましょう。

¿Qué les puedes decir a estas personas?

> descansar / estudiar • ir al médico • mucho sol / crema solar • despertar / levantarse
> comida rápida / comida sana • ser feliz / estar triste

Usad crema solar.

¡Desde aquí suena bien! 聴いてみよう!

15 | イントネーションはとても大切です。音声を聴いて、疑問符、感嘆符、ピリオドのいずれかを付けましょう。次にそれぞれのイントネーションでリピートしてみましょう。*La entonación es muy importante. Escucha las frases, pon la puntuación adecuada y repite.*

a) Tienes fiebre   Tienes fiebre   Tienes fiebre
b) Estáis cansados   Estáis cansados   Estáis cansados
c) Tienes que estudiar   Tienes que estudiar   Tienes que estudiar
d) Necesito descansar   Necesito descansar   Necesito descansar

忘れないで!
疑問文を書く時は
¿…? 疑問符、
感嘆文を書く時は
¡…! 感嘆符、
肯定文にはピリオド (.) を
書き忘れないように。

Sigue el rumbo... 順路に沿って

助言をする PARA DAR CONSEJOS	*(no) es* + 形容詞 + 不定詞	*Es bueno hacer ejercicio todos los días.* *No es bueno comer muchos dulces.*	使われる主な形容詞 *bueno, malo, oportuno, aconsejable,* *conveniente, recomendable, necesario,* *útil, indispensable.*

16 | それぞれの人がおすすめの健康法について話しています。上で学んだアドバイスに使われる形容詞を用いて空欄を埋めましょう。*Lee los textos sobre distintas maneras de curarse y completa los huecos con los adjetivos que usas para dar consejos.*

Como farmacéutica, puedo decir que a veces es (2)............. tomar medicamentos. No todas las enfermedades se pueden curar con métodos naturales. No es (3)............. descuidar síntomas que pueden ser peligrosos.

Tengo 92 años y tengo una salud de hierro. Si estoy resfriada, tomo unas infusiones calientes. Es (1)............. tener en casa limones, miel y cebollas que son ingredientes naturales para enfermedades comunes como resfriado, tos y gripe.

Creo que los medicamentos no son la única solución. No es (4)............. tomar demasiados medicamentos y, en cambio, es (5)............. emplear productos naturales como las hierbas. Los masajes y la acupuntura son buenas soluciones también.

17 | あなたは具合が悪い時どうしますか? 左下の枠内の単語は疾病や症状を表します。写真は対処法の例です。右の枠内の動詞を使って表現しましょう。*¿Y vosotros? ¿Qué remedios empleáis cuando estáis enfermos?*

 leche con miel

 medicamento / pastillas

 manzanilla   jarabe

 masaje

 infusiones

 dormir

 tiritas

 supositorios

Tomarse un medicamento, un jarabe.
Darse una pomada, una crema.
Ponerse una tirita, una vacuna.

– *Cuando tengo tos me tomo un jarabe.*
– *Para una quemadura me doy una pomada.*
– *Cuando me hago una herida me pongo una tirita.*

alergia • asma • resfriado • gripe • tos
mareos • estornudos • vómitos • quemadura
esguince • herida • caries

Y ahora vosotros... やってみよう!

18 | スペイン語を書く練習です。ペアになり、患者と医者の役を決めてください。オンラインクリニックのブログに患者役が質問を書き、医者役が返事を書きます。下の例を参考にして、メッセージを書きましょう。*En parejas, cada uno será el médico de un compañero y el paciente de otro. Escribid los mensajes en el foro del consultorio médico online "El blog de la salud" con las preguntas de los pacientes y las respuestas de los médicos.*

Preguntas

Estimado Doctor:
Tengo un problema...
¿Qué puedo hacer? ¿Qué me recomienda?

Respuestas

Querido/a ... :
...

19 | 次の文章を読みましょう。 *Lee el texto.*

Los beneficios de reír

El 1 de abril se celebra en todo el mundo el **Día Internacional de la Diversión en el Trabajo**, una ocasión para recordar que el trabajo no tiene por qué ser aburrido y que **la risa ofrece importantes beneficios para las empresas y para los trabajadores**.

Estudios científicos demuestran que reírse es bueno para la salud física y psíquica. Además, según *Humor positivo*, "la risa es la mejor manera de eliminar el estrés y la depresión, nos ayuda a sentirnos mejor con nosotros mismos y mejora los resultados del trabajo individual y en grupo."

¿Quieres celebrar este día y no sabes cómo? Aquí tienes algunas ideas: haz *origami*, organiza un concurso de aviones de papel o una competición de corbatas y zapatos horteras.

Adaptado de *Muy interesante*.

20 | 読解の練習です。練習19の文章の内容に基づいて質問に答えましょう。*Responde.*

a) ¿Cuándo y dónde se celebra el día internacional de la diversión en el trabajo?
b) ¿Por qué es bueno reír?
c) Y a ti, ¿qué te hace reír?

21 | 人は苦手な物や怖いものがあります。これらを克服するためのアドバイスを考えましょう。
   Ayuda a estas personas a superar sus miedos ¿Qué consejos les darías?

Tengo miedo a las arañas.
Tengo miedo a los espacios cerrados y pequeños.
Tengo miedo a volar en avión.
Tengo miedo a los payasos.
Tengo miedo a la oscuridad.

22 健康的な生活を送るために重要なことは何ですか？グループで、みんなが心がけるべき健康的な習慣を10項目書きましょう。 *¿Qué significa para vosotros llevar una vida sana? En grupos, escribid diez hábitos saludables que todos deberíamos tener en cuenta.*

– Tienes que beber mucha agua.
– No fumes.

 23 次の4つの単語の中に、関係のないものが1つあります。
それはどれでしょうか。 *Encuentra el intruso.*

- feliz / deprimido / eufórico / emocionado
- rodilla / brazo / tos / mano
- jarabe / masaje / pastillas / caries
- tirita / herida / mareos / alergia

 ## Y ahora vosotros... やってみよう！

 24 ペアで患者と医者の役を決めましょう。
患者役は先生から与えられたカードを使って医者役に症状を伝えましょう。医者役はそれを聞いてアドバイスをしましょう。例を参考にしてください。
En parejas, uno será el médico y otro el paciente. Usa el material que te da tu profesor.

– Buenos días. Pase, pase.
> Buenos días.
– Dígame, ¿qué le pasa?
> No me encuentro bien últimamente; me duele mucho la cabeza.
– Bueno, tiene que tomarse estas pastillas una vez al día. Descanse y beba mucha agua.
...

UNIDAD 9

私はそこに行ったことがあります
YO ESTUVE ALLÍ

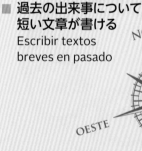

NORTE
ESTE
OESTE
SUR

En marcha

💬 **1 │ これらの写真はどこの風景だと思いますか？**
¿De dónde crees que son estos paisajes?

a

Esta fue mi
primera vez en
las montañas.
Fue en
....

b

Son
....
Allí pasé las
vacaciones hace
cinco años.

c

¡Qué bonitas! Son las fotos de cuando estuvimos en ....

d

¡Qué recuerdos! Cuando vimos el .... nos encantó el paisaje.

2 音声を聴いて、吹き出しの空欄に地名を入れましょう。*Escucha y completa los huecos con el nombre de los lugares.*

3 このような場所に行ったことがありますか? 休暇で行くならどこがいいですか? *¿Conoces sitios así? ¿A cuál te gustaría ir de vacaciones?*

4 | 昨年の夏、ラケルはハバナに旅行しました。この旅行でラケルは何をしたでしょうか? 写真と右の表の
スペイン語を結びつけましょう。 *El verano pasado, Raquel viajó a La Habana. Mira las imágenes y descubre alguna de las cosas que hizo Raquel en sus últimas vacaciones.*

7	fue a la playa
	salió a pasear por la noche
	aprendió a bailar salsa
	comió comida típica
	conoció a Roberto
	visitó la ciudad
	escribió algunas postales
	tomó el sol

Sigue el rumbo... 順路に沿って

G.14

点過去	VIAJAR	COMER	SALIR
yo	viajé	comí	salí
tú	viajaste	comiste	saliste
él/ella/usted	viajó	comió	salió
nosotros/nosotras	viajamos	comimos	salimos
vosotros/vosotras	viajasteis	comisteis	salisteis
ellos/ellas/ustedes	viajaron	comieron	salieron

-er, -ir 動詞の点過去の活用語尾は同形。 Las terminaciones del pretérito indefinido de los verbos en –er y en –ir son iguales.

G.15

不規則活用する動詞の例	IR / SER	HACER	VER	ESTAR	LEER
yo	fui	hice	vi	estuve	leí
tú	fuiste	hiciste	viste	estuviste	leíste
él/ella/usted	fue	hizo	vio	estuvo	leyó
nosotros/nosotras	fuimos	hicimos	vimos	estuvimos	leímos
vosotros/vosotras	fuisteis	hicisteis	visteis	estuvisteis	leísteis
ellos/ellas/ustedes	fueron	hicieron	vieron	estuvieron	leyeron

5 | あなたのクラスメートに何をしたか聞いてみましょう。

Descubre qué hizo tu compañero..:

¿Qué hiciste?	
Ayer	
La semana pasada	
El verano pasado	
Las últimas vacaciones	

過去の時を表す表現
Marcadores temporales del pasado

ayer
anteayer
la semana pasada
el lunes pasado
el año pasado
hace dos años
el último día

 6 | 昨年あたなはチチカカ湖に旅行しました。そこで何をしたかクラスメートに話しましょう。

El año pasado hiciste un viaje al lago Titicaca. Cuéntale a tus compañeros qué hiciste allí.

El año pasado fui / fuimos de viaje al lago Titicaca. El primer día...

PRIMER DÍA
Por la mañana
• Salida de La Paz a las 9:30
y llegada a Copacabana a las 13:00.
Por la tarde
• Visita al pueblo de Copacabana
y subida al Calvario para ver la puesta de sol
sobre el lago Titicaca.
Por la noche
• Noche en Copacabana.

SEGUNDO DÍA
Por la mañana
• Viaje en barco hasta la parte norte
de la Isla del Sol.
Por la tarde
• Visita a las ruinas de La Chinkana,
Las Escaleras del Inca y el pueblo de Yumani.
Por la noche
• Vuelta a Copacabana.
Cena en Copacabana.

TERCER DÍA
Por la mañana
• Excursión a la Horca del Inca.
• Vuelta a Copacabana para comer.
Por la tarde
• Salida de Copacabana a las 17:00
y llegada a La Paz a las 20:30.

El tour incluye: Transporte de ida y vuelta en autobús.
Excursión a la Isla del Sol en barco. / Guía turístico.
2 noches en Copacabana en habitación doble con baño
privado. / Media pensión.

¡Desde aquí suena bien! 聴いてみよう!

7 | スペイン語の単語は音節に分けられます。音声をよく聴いて何音節の単語であるか下の表に書きましょう。

En español, las palabras están formadas por sílabas. Escucha atentamente la lista de palabras y divídelas en la siguiente tabla.

1音節 Una sílaba	2音節 Dos sílabas	3音節以上 Tres o más sílabas
pan yo ...	ma-no so-fá ...	pan-ta-lo-nes sá-ba-do ...

8 | 単語には他の音節よりも強く発音する音節が一つあります。練習7に出てきた二音節以上の単語について、強く発音される音節を例に倣って強調して書きましょう。

Todas las palabras tienen una sílaba que se pronuncia más fuerte que las demás. Escribe y destaca la sílaba fuerte de las palabras de dos, tres o más sílabas de la actividad anterior.

10課で1音節の単語について学ぶ。
Estudiaremos las palabras de una sílaba en la Unidad 10.

mano, sofá, pantalones, sábado,...

9 | 強く発音する音節はアクセント符号をつけるとは限りません。練習7で出てきた単語のどれがアクセント符号を必要とするかわかりますか?下の図を見て、どのグループに属するか分類しましょう。*Todas las palabras tienen una sílaba fuerte, pero no todas llevan tilde. ¿Sabes qué palabras de la actividad número 7 se escriben con tilde? Fíjate en el cuadro de abajo y clasifícalas.*

G.2

アクセント符号の決まり (Ⅰ)

4ª	3ª	2ª	1ª sílaba		
...	☐	☐	◼	sofá,	.........., ..., ...
...	☐	◼	☐	lápiz,	.........., ..., ...
...	◼	☐	☐	sábado,	.........., ..., ...

(agudas) 最終音節にアクセント符号がある単語→母音と-n, -sで終わるもの。

(llanas) 最後から2番目の音節にアクセント符号がある単語→母音と-n, -sで終わらないもの。

(esdrújulas) 最後から3番目の音節にアクセント符号がある単語→常にアクセント符号を付ける。

10 | 旅をすると時として思いがけないことに遭遇します。愉快な出来事、苦い経験、なにかしらのエピソードがつきものです。音声を聴いて点過去の動詞で空欄を埋め、文章を完成させましょう。*A veces los viajes nos dan muchas sorpresas, con algunas anécdotas agradables y otras desagradables. Escucha el siguiente relato y completa con los verbos en indefinido.*

Por fin (1).......................... las vacaciones

Aquella mañana Felipe y yo (2).......................... de viaje muy temprano. (3).......................... hasta la estación en taxi y allí (4).......................... el autobús de las siete.

Tras dos horas y media de viaje (5).......................... al aeropuerto. (6).......................... al mostrador de facturación y una señorita muy amable nos (7).......................... la copia de los billetes electrónicos y nuestros pasaportes.

Yo (8).......................... la copia de los billetes, (9).......................... a Felipe y le (10).......................... nuestros pasaportes. Felipe me (11).......................... una mirada de sorpresa y me (12).......................... : – "Yo no tengo los pasaportes. Los

(13).......................... tú, ¿no?".

Un sudor frío (14).......................... mi frente y (15).......................... de piedra. "Nuestras vacaciones (16).......................... antes de empezar" – (17).......................... .

– "Yo no los (18).......................... . Tú me (19).......................... que los (20).......................... en tu bolso... Y ahora, ¿qué hacemos?" – le (21).......................... yo.

De repente, a Felipe se le (22).......................... los ojos, (23).......................... una mano en el bolsillo de su chaqueta y (24).......................... los pasaportes.

Y ahora vosotros... やってみよう!

11 | あなたが過ごした休暇で、忘れられない楽しい思い出は何ですか? クラスメートに話しましょう。

¿Cómo fueron tus mejores vacaciones? Cuéntaselo a tus compañeros.

12 | サンティアゴ巡礼の路を辿ったクラウディアの話を聴いて、写真を順番に並べましょう。 *Claudia nos cuenta su experiencia en el Camino de Santiago. Escucha y ordena las fotografías.*

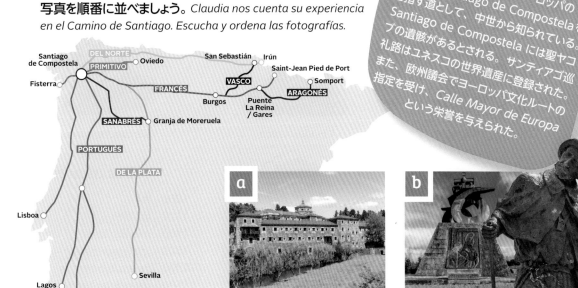

Bosque de eucaliptos

Río Boente

Obradoiro, Catedral de Santiago de Compostela

(a) **Monasterio de Samos**
(b) **Monte del Gozo**

(f) **Peregrino a pie**
(g) **Estatua del peregrino, Alto de San Roque**

13 | 忘れられない旅があります。ケツァルルートでのアントニオの経験を読み、枠内の語句を用いて文章を完成させましょう。 *Hay viajes que dejan huella. Descubre la experiencia de Antonio en la Ruta Quetzal y completa.*

> Luego • Los primeros días • Al final
> después • Las dos últimas semanas • Primero

順序立てて話をするには
Para ordenar un relato

Primero,... El primer día,...
El segundo día,...

Luego,... Después,... Más tarde,...
Al día siguiente,...

Al final,... Por último,...

En 2004 participé en la Ruta Quetzal, un proyecto declarado de interés universal por la UNESCO. ¡Fue una experiencia que me cambió la vida! Hay cosas que no puedo olvidar: por ejemplo, cuando subí a los volcanes en México, o cuando probé por primera vez chocolate con churros en Segovia.

(1)............................. conocí a todos los demás, pero no fue fácil aprender el nombre de 300 compañeros de viaje, de más de 50 países diferentes.

(2)...................., estuve en México: fuimos a Puebla y Veracruz, (3)...................., subimos a la pirámide del Sol. Lo que recuerdo de México es también el ataque de abejas al bajar del volcán San Martín de Tuxtla. ¡Menos mal que no nos picaron! (4)...................., vimos unos monos en la isla de Agaltepec.

(5).................................., fuimos a Portugal y a España. Dormí en un Monasterio en Santiago de Compostela y en el Castillo de la Mota en Medina del Campo (Castilla y León). ¡Fue fantástico!

(6)...................., después de cuarenta días increíbles, volvimos a nuestros países con la mochila llena de recuerdos, culturas, lugares y amigos de todo el mundo. ¡La Ruta Quetzal deja huella!

14 | 歴史に残る偉大な旅を成し遂げた人々がいます。肖像とその業績を結びつけましょう。

¡La historia está llena de grandes viajeros! Relaciona cada personaje histórico con su viaje.

Tsunenaga Hasekura

Cristóbal Colón

Valentina Tereshkova

Juan Sebastián Elcano

Marco Polo

1) Cruzó el Océano Atlántico al mando de tres carabelas y llegó al continente americano en 1492.
2) Llegó a China en 1266 junto con su padre y su tío.
3) Fue la primera mujer en viajar al espacio en 1963.
4) Viajó de Japón a España al comienzo del siglo XVII en el barco San Juan Bautista.
5) En 1522 completó la primera vuelta al mundo en barco, en una expedición iniciada tres años antes por Fernando de Magallanes.

Los números

1000	mil
1100	mil cien
1200	mil doscientos / -as
1300	mil trescientos / -as
1400	mil cuatrocientos / -as
1500	mil quinientos / -as
1600	mil seiscientos / -as
1700	mil setecientos / -as
1800	mil ochocientos / -as
1900	mil novecientos / -as
1105	mil ciento cinco
1952	mil novecientos cincuenta y dos
1985	mil novecientos ochenta y cinco
1999	mil novecientos noventa y nueve
2000	dos mil
2013	dos mil trece
2045	dos mil cuarenta y cinco
3000	tres mil

15 | 歴史に名を残した旅行家や探検家、
冒険家を他に知っていますか？
その人達はどこに行きましたか？

¿Conoces otros viajeros importantes de la historia? ¿A dónde fueron?

Sigue el rumbo... 順路に沿って

点過去：不規則活用する動詞の例（Ⅱ）

	PODER	TENER	VENIR	QUERER	DAR	MORIR
yo	pude	tuve	vine	quise	di	morí
tú	pudiste	tuviste	viniste	quisiste	diste	moriste
él/ella/usted	pudo	tuvo	vino	quiso	dio	murió
nosotros/nosotras	pudimos	tuvimos	vinimos	quisimos	dimos	morimos
vosotros/vosotras	pudisteis	tuvisteis	vinisteis	quisisteis	disteis	moristeis
ellos/ellas/ustedes	pudieron	tuvieron	vinieron	quisieron	dieron	murieron

16 | ワレンチナ・テレシコワの生い立ちを読み、カッコ内にある不定詞を点過去に活用させましょう。 *Lee la biografía de Valentina Tereshkova y pon los verbos que están entre paréntesis en indefinido.*

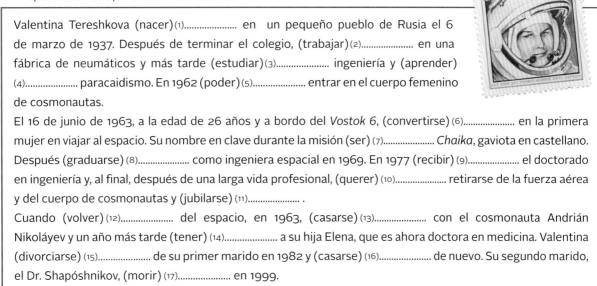

Valentina Tereshkova (nacer) (1).................... en un pequeño pueblo de Rusia el 6 de marzo de 1937. Después de terminar el colegio, (trabajar) (2).................... en una fábrica de neumáticos y más tarde (estudiar) (3).................... ingeniería y (aprender) (4).................... paracaidismo. En 1962 (poder) (5).................... entrar en el cuerpo femenino de cosmonautas.

El 16 de junio de 1963, a la edad de 26 años y a bordo del *Vostok 6*, (convertirse) (6).................... en la primera mujer en viajar al espacio. Su nombre en clave durante la misión (ser) (7).................... *Chaika*, gaviota en castellano. Después (graduarse) (8).................... como ingeniera espacial en 1969. En 1977 (recibir) (9).................... el doctorado en ingeniería y, al final, después de una larga vida profesional, (querer) (10).................... retirarse de la fuerza aérea y del cuerpo de cosmonautas y (jubilarse) (11).................... .

Cuando (volver) (12).................... del espacio, en 1963, (casarse) (13).................... con el cosmonauta Andrián Nikoláyev y un año más tarde (tener) (14).................... a su hija Elena, que es ahora doctora en medicina. Valentina (divorciarse) (15).................... de su primer marido en 1982 y (casarse) (16).................... de nuevo. Su segundo marido, el Dr. Shapóshnikov, (morir) (17).................... en 1999.

17 | ここにフェデリコ・ガルシア・ロルカとフリダ・カーロの略歴があります。どちらかを選んで、紹介文を書きましょう。 *Aquí tienes algunos datos sobre las vidas de Federico García Lorca y Frida Kahlo. Elige uno de estos dos personajes y escribe su biografía.*

Nombre: Federico García Lorca.
Nacimiento: Fuente Vaqueros, Granada. 5 de junio de 1898.
Vida profesional y artística: poeta y dramaturgo.
Amigo de: Rafael Alberti, Luis Buñuel y Salvador Dalí.

1928: *Romancero gitano*.
1929/1930: Nueva York / La Habana.
1936: *La casa de Bernarda Alba*.
Muerte: fusilado en Víznar (Granada) el 19 de agosto de 1936 al comienzo de la Guerra Civil Española.

Verde que te quiero verde.
Verde viento. Verdes ramas. [...]
"Romance Sonámbulo", *Romancero gitano*; F. G. Lorca (1928)

Nombre: Magdalena Carmen Frida Kahlo Calderón.
Nacimiento: Coyoacán, México. 6 de julio de 1907.
Vida profesional y artística: pintora.

1925: grave accidente de tranvía y comienza a pintar.
1929: matrimonio con Diego Rivera.
1939: divorcio de Diego Rivera.
Muerte: Coyoacán, el 13 de julio de 1954.

Y ahora vosotros... やってみよう！

18 | クラスメートの人生について何を知っていますか？ クラスメートを一人選んで質問し、略歴をまとめてから紹介文を書きましょう。 *¿Qué sabes de la vida de tus compañeros? Elige un compañero de clase, pregúntale y escribe su biografía.*

Nació:

Empezó el colegio:

Se enamoró:

Terminó de estudiar:

Tuvo su primer trabajo:

Salió de su país por primera vez:

Voló en avión:

...

19 | このニュースを読み現在形の動詞を点過去に変えましょう。

Lee esta noticia y transforma en pasados los verbos que están en presente.

Una pareja inicia una vuelta al mundo en autocaravana

Una pareja de Málaga, Fernando Fernández y su mujer, Fleur, con sus dos hijos, Aïsha y Noah, deciden un día dejarlo todo para cumplir un sueño: viajar por todos los continentes en autocaravana. Él deja su empleo y, juntos, venden todas sus propiedades para comenzar una nueva aventura. Ponen en la maleta un poco de ropa, comida, un libro digital, juegos y pinturas para los niños.

La idea surge en octubre del 2011, cuando él decide dejar su trabajo y propone a Fleur un cambio de vida: dar la vuelta al mundo con la familia para pasar tiempo juntos, ver cosas y conocer nuevas culturas. Los dos dejan el trabajo, compran la autocaravana y avisan a sus padres.

Como primera etapa se van a Francia y, después, a Italia, Alemania, Finlandia, Rusia, Kazajistán y China. Luego, a Australia, América y África.

La iniciativa de la familia Fernández tiene mucha repercusión mediática: su *blog* recibe durante los primeros días más de 40.000 visitas y la familia sale en muchos medios de comunicación.

Adaptado de Agencia EFE.

20 | ドミノゲームをしましょう。今回は数字ではなく動詞の過去形を使います。先生の指示に従いクラスメートにあなたが何をしたか伝えましょう。*Ahora jugamos al dominó, pero esta vez no con números sino con los verbos en pasado. Sigue las instrucciones de tu profesor y diles a tus compañeros qué hiciste.*

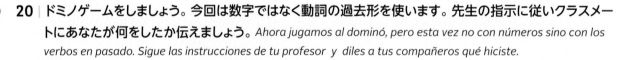

Ellos se casaron ayer en la Catedral de la Almudena. (5 puntos).

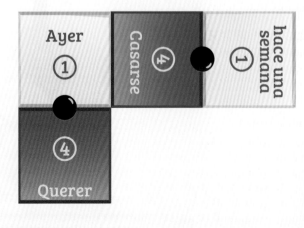

21 パチおじいさんは孫のアリシアに新聞の切り抜きを見せながら、自分の若い頃の話をしています。音声を聴いてそれぞれの年に何があったかを書きましょう。 *El abuelo Patxi le cuenta a su nieta, Alicia, la historia de su vida a través de recortes de periódico. Escucha y escribe al lado de cada titular qué le pasó.*

1934

Juan de la Cierva realiza el primer vuelo sobre Madrid

1956

Nace la Televisión Española

1969

El hombre llega a la Luna y da sus primeros pasos

1986

Buenos días, Europa.
España entra en la Unión Europea

1992

España celebra sus primeros Juegos Olímpicos en Barcelona

2008

¡CAMPEONES!
España gana el europeo de fútbol

En 1934 nació el abuelo.

En 1956...................................

En 1969...................................

En 1986...................................

En 1992...................................

En 2008...................................

Y ahora vosotros... やってみよう!

22 友人があなたが行ったことのある場所に休暇で行きたいと言っています。あなたはそこで何をしたか、どこで食事をしたか、どんな場所を訪れたかをメールで手短に伝えましょう。 *Un amigo tuyo quiere ir de vacaciones a un lugar donde tú también estuviste. Cuéntale en un breve correo electrónico qué hiciste, dónde comiste, qué lugares visitaste,..*

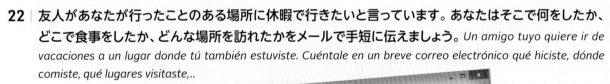

懐かしい思い出
¡QUÉ RECUERDOS!

En marcha

1 | 私たちの好みや、生活スタイル、その他様々なものが時と
ともに変わります。吹き出しの中の文章を読みましょう。
話題になっている歌手を知っていますか？

*Con el tiempo, cambian nuestros gustos, nuestro estilo y muchas
cosas más. Lee los relatos de estas personas. ¿Conoces a algún
cantante de los que se habla?*

Miguel Ríos   Marisol

*En los años 70 teníamos veinte años más o menos. Nos
conocimos en un concierto de Miguel Ríos. Paula estaba
con unas amigas. A ella no le gustaba ese tipo de música. Le
gustaban más las canciones románticas pero aquel día estaba
allí y nos enamoramos. En aquellos años llegaba a España
muy poca música de Estados Unidos. Veíamos las imágenes de
Woodstock y de los cantantes americanos por la tele.
El panorama en España era muy diverso, había cantantes como
Marisol y Raphael, que cantaban canciones de pop melódico,
pero también algunos cantantes más rockeros como
Miguel Ríos. Nos gustaban mucho también Serrat y Sabina.
Todavía nos gusta escuchar la música que
escuchábamos en aquellos años.*

Paula y José

Los años 80 en España fueron años de cambio. "Algo se mueve" decían en la calle. Así nació la Movida Madrileña. Muchas cosas cambiaron en aquellos años. Cuando terminó la dictadura de Franco, aparecieron las primeras casas discográficas independientes y las radios libres. El movimiento *punk* y *pop-rock*, que venía del Reino Unido, se conoció en España gracias a artistas muy originales como Alaska, Radio Futura, Nacha Pop y Hombres G que vestían de una manera muy alternativa. Mecano también fueron muy famosos. Ahora, yo también tengo mi grupo de música y juntos recordamos aquellos tiempos de cuando éramos jóvenes y vivíamos una época de cambios muy importantes.

Estefanía

Alaska y Dinarama

Mecano

¡Madre mía! ¡Qué recuerdos! En los años 90 era un joven adolescente y, como todos los jóvenes de aquella época, bailaba canciones muy míticas como *La Macarena* de Los del Río, que fue famosa en todo el mundo. La música de los años 90 era muy variada: *pop* como el que hacían Alejandro Sanz, Enrique Iglesias, Shakira y Jarabe de Palo, muchos *dj* de música disco y un tipo de música electrónica llamado *bakalao*. También nacieron muchos grupos de música *pop* y *rock* como Los Planetas y Los Rodríguez. Ahora me gusta la música *pop* y el *rock* alternativo español... pero, os lo confieso, de vez en cuando escucho la Macarena también, como cuando era joven.

Andrés

Los del Río

Los Planetas

💬 **2** 音楽の好みは変わると思いますか？ なぜそう思いますか？
¿Crees que los gustos musicales cambian? ¿Por qué?

💬 **3** 以前に聴いていて今は聴かないものがありますか？
¿Qué escuchabas antes que ahora no escuchas?

4 | 時間は飛ぶように過ぎていく! ここにフアナとエンリケの家族の昔の写真と今の写真があります。
昔の写真と昔していたことを結びつけましょう。そして、今の写真と結びつけましょう。

¡El tiempo pasa volando! Aquí tienes imágenes antiguas de miembros de las familias de Juana y Enrique.
Relaciónalas con lo que hacían hace muchos años y, después, únelas con su imagen más actual.

1 el abuelo de Enrique

2 la madre de Enrique

Hace muchos años...

el abuelo de Enrique

era guitarrista y ensayaba todos los días con su guitarra.

....

cantaba en un grupo de rock.

....

ya le gustaba el fútbol.

....

era miembro de la tuna universitaria de Salamanca.

....

llamaba la atención porque era muy guapa.

....

bailaba muy bien flamenco.

A ☐

B 1

3 el padre de Juana

4 el abuelo de Juana

C ☐

D ☐

5 la abuela de Enrique

6 la tía de Juana

E ☐

F ☐

Sigue el rumbo... 順路に沿って

G.14

線過去			
	CANTAR	**COMER**	**SALIR**
yo	cantaba	comía	salía
tú	cantabas	comías	salías
él/ella/usted	cantaba	comía	salía
nosotros/nosotras	cantábamos	comíamos	salíamos
vosotros/vosotras	cantabais	comíais	salíais
ellos/ellas/ustedes	cantaban	comían	salían

-er, -ir動詞の線過去の活用語尾は同形。

Las terminaciones del pretérito imperfecto de los verbos en -er y en -ir son iguales.

G.15

線過去：不規則活用する動詞			
	SER	**IR**	**VER**
yo	era	iba	veía
tú	eras	ibas	veías
él/ella/usted	era	iba	veía
nosotros/nosotras	éramos	íbamos	veíamos
vosotros/vosotras	erais	ibais	veíais
ellos/ellas/ustedes	eran	iban	veían

Camarón cantaba flamenco de joven.
Cuando era pequeño comía muchos dulces.
De pequeña, siempre veía los dibujos animados en la tele.

5 | パチおじいさんを覚えていますか? 彼の孫娘は何でも知りたがるので、おじいちゃんが子供の頃に何をしていたかを聞きます。音声をよく聴いて、書きましょう。あなたはおじいさん、おばあさんが小さかった頃何をしていたか知っていますか? *¿Te acuerdas del abuelo Patxi? Su nieta, que es muy curiosa, le pregunta qué es lo que hacía cuando era pequeño. Escucha y escribe. ¿Y tú sabes lo que hacían tus abuelos cuando eran pequeños?*

Estudiaba en el colegio por la mañana y por la tarde.

6 | 次の文章はエンリケの幸せな幼少期の思い出です。音声を聴いて空欄に線過去の動詞を入れて完成させましょう。

El siguiente texto trata sobre los recuerdos de Enrique de los felices días de su infancia. Escucha el audio y completa con los verbos en imperfecto.

RECORDAR:
Recuerdo los bailes que hacíamos en mi pueblo.
ACORDARSE DE:
Me acuerdo de los bailes que hacíamos en mi pueblo.

Los días azules

Cuando (1)................. niño, mi familia (2)................. en un pequeño pueblo de la provincia de Salamanca, donde mi padre (3)................. el médico.

Mis hermanos y yo (4)................. a la escuela, que (5)................. junto a la iglesia, y en el recreo los niños (6)................. al fútbol y todos (7)................. ser goleadores famosos como los jugadores del Real Madrid o del Barcelona, a los que tanto (8)................. .

Por las tardes, cuando (9)................. a casa, nuestra madre nos (10)................. una rica merienda, que (11)................. mientras (12)................. en la tele los programas infantiles. A mí me (13)................. mucho los dibujos animados, especialmente Mazinger Z y Heidi.

Los sábados también nos (14)................. ver nuestros programas favoritos, El Circo de los payasos y Gente joven, un programa musical en el que (15)................. los cantantes y los grupos que (16)................. de moda. Después, (17)................. a nuestros cantantes favoritos y (18)................. con llegar a ser tan famosos como ellos.

Los domingos por la mañana (19)................. a la iglesia y, después, (20)................. chucherías en la tienda de la plaza.

En verano, después de ver en la tele Verano azul, nuestra serie preferida, (21)................. al río y (22)................. con nuestros amigos. Luego (23)................. bailando con la música que (24)................. en aquellos felices años de la infancia.

7 | 練習6の"Los días azules"を読んで質問に答えましょう。 *Después de completar y leer el texto "Los días azules", contesta las siguientes preguntas.*

¿A qué jugaban Enrique y sus amigos en el recreo? ¿Qué programas infantiles le gustaban mucho a Enrique cuando era niño? ¿Qué hacían Enrique y sus amigos los domingos por la tarde en verano?

Y ahora vosotros... やってみよう!

8 | 子供の頃どんな遊びをしましたか? 誰に憧れていましたか? 誰を真似していましたか? どんな映画が好きでしたか?

¿A qué jugabas de pequeño? ¿A quién admirabas? ¿A quién imitabas? ¿Qué películas te gustaban?

9 | (）の中の不定詞を線過去の活用形に変化
させましょう。*Lee el texto y transforma los verbos
en infinitivo en pretéritos imperfectos.*

En 1968 yo (tener) .... 8 años. Mi familia
y yo (vivir) .... en un pequeño pueblo de
Castilla la Mancha. Mi padre (ser) .... el médico del
pueblo y mi madre (ser) .... maestra. Recuerdo que
nosotros, en aquella época, siempre (ir) .... a casa de mis
tíos por las tardes y yo (jugar) .... con mis primos. Juntos
(hacer) .... muchas cosas: (ver) .... la tele,
(jugar) .... en la calle, (cantar) .... canciones...
Mi hermano mayor (tener) .... un grupo de música.
Él (tocar) .... la guitarra. A mi hermana, en cambio, le
(gustar) .... un chico que (vivir) .... cerca de
nuestra casa. Los dos se (escribir) .... mensajes
a escondidas. Papá y mamá no lo (saber) ....
Todos (ser) .... muy felices y todavía hoy
recordamos aquellos maravillosos años.

10 | 人々の暮らしの変化は早いと思いますか？写真を見て昔と今を比較してみま
しょう。*¿Crees que la vida cambia muy rápido? Mira estas imágenes y describe cómo
eran antes y cómo son ahora estas cosas.*

Las familias

Los juegos y los juguetes

Los ordenadores

Las ciudades

Los colegios

La moda

¡Desde aquí suena bien! 聴いてみよう!

G.2.1

アクセント符号の決まり（Ⅱ）：単音節

一般に単音節語にアクセント符号はつけないが、いくつかの例外がある。違いは何か確認しよう。

el	él	tu	tú
El chico de la foto es mi primo.	Él es Andrés.	Tu hermana es simpática.	¿Y tú, cómo te llamas?
mi	mí	que	qué
Mi padre se llama Miguel.	A mí me gusta cantar.	Esta es la canción que te decía.	¿Qué haces?
se	sé	te	té
Se llama Antonio.	Sé muchas cosas de Ester.	Te escribo mañana.	Me apetece una taza de té.
si	sí	その他の例：más, aún...	
Si no voy al partido te aviso.	¿Quieres comer? / Sí		

11 | チェマはアクセント符号をつけるのを忘れました。必要な箇所にアクセント符号をつけましょう。

Chema ha olvidado poner algunas tildes. Corrige su carta.

> Hola, Martina:
> ¿Que tal estás? Aquí en Londres, todo muy bien. Los primeros días fueron un poco complicados, pero mi compañero de piso me ayudo mucho a adaptarme. John sabe hablar español y gracias a el fue todo más fácil para mi.
> El te de las cinco de la tarde aquí es un rito, pero ya sabes que a mi me gusta mas el café. Por lo demás, me encanta esta ciudad.
> Se que encontraste trabajo, me lo dijo mi prima. ¡Enhorabuena! Seguro que estás muy contenta.
> Bueno, espero tus noticias... y avisame si quieres venir a verme. ¿Que te parece? Venga, ¡dime que si!
> ¡Te espero! Nos lo vamos a pasar genial.
>
> Un abrazo.
> Tu amigo, Chema

12 | 音声を聴いてどの映画のことを話しているのか答えましょう。さらにそれらの映画のジャンルを下の枠内から選びましょう。また、残りの映画はどのジャンルに属するでしょうか。

Escucha y señala de qué películas se habla y a qué genero pertenecen. ¿Y las demás, de qué género son?

de terror-de suspense • de animación • comedia • histórica • drama

a	b	c	d	e

他のジャンルを知っていますか？ *¿Conoces otros géneros?*

Y ahora vosotros... やってみよう!

13 | あなたの大好きな映画は何ですか？ その映画のあらすじを書きましょう。
そしてクラスメートに話しましょう。

¿Cuál es tu película favorita? Escribe el argumento de la película y cuéntaselo a tus compañeros.

unidad 10
Paso a paso 3
Había una vez... むかしむかし…

14 | 寓話「セミとアリ」を聴いて空欄を埋めましょう。線過去でしょうか、点過去でしょうか。

Escucha la fábula de "La cigarra y la hormiga", y completa. ¿Pretérito indefinido o pretérito imperfecto?

Había una vez una cigarra que cantaba, (1)............... y (2)............... cada día bajo el sol del verano. Mientras tanto, la hormiga (3)............... y (4)............... comida en el hormiguero.

(5)............... el verano. La cigarra (6)............... frío y hambre. No (7)............... nada para comer. Entonces, (8)............... a pedir auxilio a su vecina, la hormiga. "Tengo hambre, dame algo de comida hasta que llegue la primavera, por favor. Te pagaré la deuda con intereses." (9)............... la cigarra.

—¿Qué (10)............... en el verano cuando el tiempo (11)............... cálido y el campo (12)............... lleno de alimentos? —le (13)............... la hormiga.

—Todos los días (14)............... y (15)............... muchas horas — (16)............... la cigarra.

—¿(17)............... y (18)............... todos los días mientras yo (19)...............? ¡Pues baila ahora!— (20)............... la hormiga. Y (21)............... la puerta.

Moraleja:
No debemos ser perezosos como la cigarra.

Sigue el rumbo... 順路に沿って

点過去 / 線過去：用法
CANTÉ / CANTABA
*cantaba*を使うのは、過去における繰り返し行われた行為や習慣について話す時である。↓↓↓
*canté*を使うのは、過去における完結した行為について話す時。↓
過去における人や物事、場面を描写する時にも*cantaba*を使う。〇
点過去と線過去は物語や出来事を伝える時に組み合わせて使われる。

15 | 練習14の動詞の過去形の用法を例に倣って記号で示しましょう。
Fíjate en la fábula e identifica cada verbo con el símbolo que le corresponda.

Ejemplo:

Había una vez una cigarra que cantaba ↓↓↓ *cada día bajo el sol del verano.*

Entonces, fue ↓ *a pedir auxilio a su vecina, la hormiga.*

El campo estaba ◯ *lleno de alimentos.*

 16 | ラモンと友達は子供の頃の思い出を話しています。読んでラモンに何があったのかを答えましょう。次に、
あなたの子供の頃のエピソードをクラスメートに話しましょう。*Ramón y sus amigos están recordando historias de su infancia. Lee y descubre qué le pasó a Ramón. Después, cuéntale a tus compañeros alguna anécdota de cuando eras pequeño.*

Todo ocurrió en la boda de un primo de mi padre. Yo tenía unos cuatro años. Estaba jugando en el restaurante y no sé cómo metí la cabeza en el hueco entre el respaldo y el asiento de una silla. ¡Me quedé atascado! Intentaron sacarme de allí pero no podían. Al final, tuvieron que cortar la silla.

枠内の表現を参考にして、どんな出来事が起こったかをクラスメートに話しましょう。
Y a ti, ¿qué te pasó? Cuéntale a tus compañeros..

> **¿CUÁNDO OCURRIÓ?** • **¿CON QUIÉN ESTABAS?**
>
> **¿DÓNDE ESTABAS?** • **¿QUÉ PASÓ?** • **¿Y AL FINAL...?**

Y ahora vosotros... やってみよう！

 17 | ここでは寓話または短い物語りを書いてクラスメートに話しましょう。*Ahora, escribe una fábula o relato que conozcas y cuéntaselo a tus compañeros.*

18 これらの発明は私たちの生活をどのように変えたでしょうか？ クラスメートと話しましょう。

¿Cómo cambiaron nuestra vida estos inventos? Coméntalo con tus compañeros.

19 世界の歴史を変えた、上記以外の発明、発見、出来事は何でしょうか？ クラスメートと話し合って、最も重要なもの5つをあげましょう。 *¿Qué otros inventos, descubrimientos o acontecimientos cambiaron la historia del mundo? Decide con tus compañeros cuáles son los cinco más importantes de la historia de la humanidad.*

20 映画も世界を変えた発明の一つです。（　　　）内の不定詞を適切な過去形にしましょう。

Otro de los inventos que cambió el mundo fue el cine. Lee y completa.

El cine no siempre fue como lo conocemos en la actualidad. Al principio no (tener) (1)................... sonido, ni música, ni efectos,... El cine (comenzar) (2) .... el 28 de diciembre de 1895, cuando los hermanos Lumière (proyectar) (3)................... públicamente *Salida de los obreros de la fábrica*, y otras breves películas de un minuto. A finales de los años 20 del siglo pasado el cine (dar) (4)................... otro gran paso con la llegada del cine sonoro. La primera película sonora (ser) (5)................... *El cantante de jazz*. El color (llegar) (6)................... a la gran pantalla con *La feria de las vanidades*, en 1935. Sin embargo, el cine en color empezó a ser importante con *Lo que el viento se llevó* (1939). Desde sus comienzos, el cine (intentar) (7)................... poner color a su imagen. En el año 1896 ya se (pintar) (8)................... los fotogramas a mano. Sin duda (ser) (9)................... una tarea muy compleja por el pequeño tamaño de los fotogramas y porque una película normal, con una duración de menos de un minuto, (tener) (10)................... más de 1.000 fotogramas.

21 あなたは映画が好きですか？どんなジャンルが一番好きですか？ 小さい頃どんな映画を見ていましたか？ *¿Te gusta el cine? ¿Qué género cinematográfico te gusta más? ¿Y de pequeño, qué películas veías?*

22 映画は私たちの歴史について多くのことを教えてくれます。「蝶の舌」のチラシを読み、枠内の動詞の過去形を用いて空欄を埋めましょう。 *El cine permite que recordemos muchas cosas de nuestra historia. Lee la ficha técnica de La lengua de las mariposas y completa los espacios con los verbos en pretérito indefinido o imperfecto.*

empezar • ir • reflexionar • cambiar • obligar • ser • estallar • conocer • enseñar

Título: La lengua de las mariposas.
Dirección: José Luis Cuerda.
Actores principales: Fernando Fernán Gómez, Manuel Lozano.
Nacionalidad: Española.
Año: 1999.
Género: Drama.
Duración: 99 minutos.
Premios: Ganador del Goya al mejor guion; candidata a 12 premios Goya.

Sinopsis: La historia nos lleva a 1936, a un pequeño pueblo gallego. Moncho, un niño de 8 años, después de pasar una larga enfermedad, (1)........................... el colegio. Allí (2)........................... a sus nuevos amigos y a su maestro, Don Gregorio. Cada día, el maestro les (3)........................... conocimientos tan variados como el origen de la patata o por qué las mariposas tienen lengua. Juntos (4)........................... al río, de excursión, y (5)........................... sobre la vida. Moncho (6)........................... feliz junto a su maestro y amigo. Pero en julio de 1936 las circunstancias (7)...........................: la Guerra Civil Española (8)........................... y esto (9)........................... a todos a tomar una decisión: ¿a favor o en contra?

23 小学校時代の思い出はありますか? どんなクラスでしたか? どんな友達がいましたか? 覚えている先生はいますか? *¿Qué recuerdos tienes de tus años de colegio? ¿Cómo era tu clase? ¿Y tus compañeros? ¿Recuerdas a algún profesor especial?*

Y ahora vosotros... やってみよう!

24 他に歴史を題材にした映画を知っていますか?一つ選んで、チラシを作り、クラスメートに話しましょう。
¿Qué otras películas conoces que nos ayuden a conocer la historia? Elige una y cuéntasela a tus compañeros.

CARTEL

Título:
Dirección:
Actores principales:

Nacionalidad:
Año:
Género:
Duración:
Premios:

Sinopsis:

UNIDAD 11

今日の出来事
¿QUÉ HA PASADO?

語彙 Con este vocabulario...

- マスメディア（新聞雑誌、ラジオ、テレビ、インターネット）
  Los medios de comunicación (prensa, radio, televisión, internet)

- 天気、天候
  El tiempo atmosférico

文法 ...y con esta gramática...

- 現在完了
  Pretérito perfecto

- 過去分詞
  Participio pasado

- 現在完了と点過去の対比
  Contraste pretérito perfecto e indefinido

- 現在完了とともに使われる語句
  Marcadores de pretérito perfecto

- *Estaba* + 現在分詞
  Estaba + gerundio

- スペリング [b] と [v]
  El sonido de *b* y *v*

到達目標 ...al final serás capaz de...

- 現在に近い過去の行為について話せる
  Hablar de un pasado reciente

- 過去において進行中だった行為について話せる
  Hablar de acciones en desarrollo en el pasado

- 報告やニュース、話に対して合いの手を入れることができる
  Reaccionar ante un relato, una noticia o una historia

En marcha

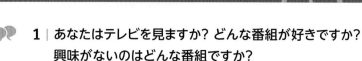

1 | あなたはテレビを見ますか？ どんな番組が好きですか？興味がないのはどんな番組ですか？
¿Ves la tele? ¿Qué programas te gusta ver y cuáles no?

PROGRAMAS DEPORTIVOS
PROGRAMAS DEL CORAZÓN • SERIES
TELEDIARIOS • DOCUMENTALES
PROGRAMAS INFANTILES • CONCURSOS
PROGRAMAS DE COCINA

2 | これらは新聞の一面や雑誌の表紙です。どんな記事が載っているか話しましょう。

Mira estas portadas de periódicos y revistas españolas. ¿Qué temas tratan?

3 | あなた方のお気に入りのメディアはどれですか?

¿Y vosotros? ¿Cuál es vuestro medio de comunicación favorito?

4 | テレビのニュースを聴いて、それぞれの分野で何が起きたかを書きましょう。

Escucha las noticias del telediario y escribe qué ha pasado en la sección correspondiente.

CRÓNICA NACIONAL

....

CRÓNICA INTERNACIONAL

....

POLÍTICA

....

ECONOMÍA

....

ESPECTÁCULOS

....

DEPORTES

....

Sigue el rumbo... 順路に沿って

G.14 現在完了

haber の現在形 (he, has...) + 過去分詞 (cantado, comido,...)

	CANTAR	COMER	SALIR
yo	he cantado	he comido	he salido
tú	has cantado	has comido	has salido
él/ella/usted	ha cantado	ha comido	ha salido
nosotros/nosotras	hemos cantado	hemos comido	hemos salido
vosotros/vosotras	habéis cantado	habéis comido	habéis salido
ellos/ellas/ustedes	han cantado	han comido	han salido

Esta mañana Javi ha cantado en la ducha una canción que me gusta.
¿Has comido ya?
He salido de fiesta en Salamanca muchas veces.

現在完了とともに使われる、
時を表す表現
Marcadores temporales para
el pretérito perfecto

ya
¿Has hecho ya los deberes?

todavía no
*He perdido las gafas y todavía no
las he encontrado.*

aún
Aún no he visto a Andrea.

alguna vez
*¿Habéis estado alguna vez en
México?*

ya, todavía no, aún などの副詞句は「haber + 過去分詞」の間に割り込まない。

過去分詞

CANTAR	COMER	SALIR
cantado	comido	salido

G.15 不規則な過去分詞の例

HACER	hecho	DECIR	dicho
VER	visto	VOLVER	vuelto
PONER	puesto	ESCRIBIR	escrito
ROMPER	roto		

5 | 人生でやりたいこと20個。あなたはこの20個のことをもうしましたか、それともまだですか? クラスメートはどうですか? あなたはこの20個以外に何をしましたか? *Veinte cosas que hacer en la vida. ¿Ya las has hecho o todavía no? ¿Y tus compañeros? ¿Qué otras cosas has hecho?*

1 Hablar otro idioma a la perfección.
2 Cambiar de profesión e ir a vivir a otro lugar.
3 Tener un hijo (o varios).
4 Salir en la televisión.
5 Ordeñar una vaca.
6 Visitar todos los continentes.
7 Cantar en un karaoke.
8 Inventar algo.
9 Hacer paracaidismo.
10 Dormir una noche en la playa.

11 Nadar entre delfines.
12 Trabajar como voluntario.
13 Ganar un premio.
14 Tener una mascota.
15 Plantar un árbol.
16 Escribir un libro.
17 Vivir un tiempo en un país extranjero.
18 Conocer a tu media naranja.
19 Aprender a tocar un instrumento.
20 Vivir una temporada sin internet, sin móvil, sin tele,...

6 | あなたは特別な経験をした人を取材したいと思っているリポーターです。クラスメートにインタビューして、彼らの中で感動的で、楽しいあるいは珍しいことをした人を見つけましょう。 *Imagínate que eres un reportero que busca experiencias especiales. Pregunta a tus compañeros y adivina quién de ellos ha hecho las cosas más emocionantes, más divertidas o más raras.*

¿QUIÉN HA PRACTICADO EL DEPORTE MÁS PELIGROSO?
¿QUIÉN HA COMIDO EL PLATO MÁS RARO?
¿QUIÉN HA ESTADO MÁS AL SUR/NORTE DEL MUNDO?
¿QUIÉN HABLA MÁS IDIOMAS? • ¿QUIÉN...?

現在完了形はガリシア地方やカナリア諸島、イスパノアメリカではあまり使われない。それらの地域では点過去が使われる。

El pretérito perfecto no es de uso general en español. No se suele utilizar ni en Galicia, ni en Canarias, ni en el español de América. En estas zonas solo se emplea el indefinido.

Hoy HE VISTO una película = Hoy VI una película.

Sigue el rumbo... 順路に沿って

現在完了と点過去の用法の比較	
現在に近い過去、または直前に起きた出来事、結果について話す時、あるいは「今日」とか「今年」などまだ終わっていない時間単位内の出来事について話す時に、現在完了が使われる。	現在から遠い過去に起きた出来事について話すとき、あるいは、話し手が話している時点より観念的に切り離された、それ以前の時点での出来事について話す時に、点過去が使われる。
Hoy he desayunado a las 9:00. *Este año he viajado mucho.*	*Ayer comí con Lucía.* *El mes pasado fui a un concierto.*
現在完了形とともによく使われる、 時を表す表現に注意しよう。	**点過去とともによく使われる、 時を表す表現に注意しよう。**
Hoy, ya, esta mañana/tarde/noche, este mes/año, a las (hora), hasta ahora, todavía no, aún, hace un momento, nunca, jamás,...	Ayer, anoche, el mes/año pasado, la semana/tarde pasada, el otro día, en (mes/año),...

7 | ホセ・ルイスの一日を綴った文章です。音声を聴いて空欄を埋めましょう。*En el siguiente relato José Luis nos cuenta cómo ha transcurrido este día. Escucha el audio y completa las partes que faltan con las expresiones correspondientes.*

Hoy ha sido un gran día

Hoy me he levantado muy contento porque hacía (1).......................... .

He desayunado café con galletas mientras leía (2).......................... las noticias deportivas.

Luego he bajado a dar una vuelta a la plaza, donde me he encontrado con mis amigos y nos hemos ido a tomar unas cañas (3).......................... .

Después de comer me he echado (4).......................... y, por la tarde, te he ido a buscar a tu casa y estabas preciosa.

Tú tenías ganas de (5).......................... , así que he cogido la moto y te he llevado por la carretera que va hasta el río.

Allí hemos merendado y, luego, hemos paseado cogidos de la mano entre los chopos (6).......................... .

Por la noche, cuando he vuelto a casa, en la tele había (7).......................... de la selección y me he puesto muy contento porque hemos ganado (8).......................... .

> **Nexos consecutivos**
>
> Por eso,
> así que,
> entonces,
> luego,
> por tanto.
>
> Me he quedado dormido, por eso he llegado tarde al trabajo.

8 | 練習7の文章を読んで、次の質問に答えましょう。
Después de completar el texto, léelo y contesta las siguientes preguntas.

¿Qué ha desayunado hoy José Luis? ¿Qué han tomado José Luis y sus amigos en un bar de la plaza? ¿Dónde han merendado José Luis y su novia? ¿Qué había en la tele cuando José Luis ha vuelto a casa? ¿Por qué se ha puesto muy contento José Luis?

9 | あなたにとって良い一日とはどのようなものですか？
¿Cómo es un buen día para ti?

10 | グループでの活動です。例に倣って "Hoy ha sido un mal día"という タイトルで文を作りましょう。*Ahora, en grupos, escribid un texto con el título "Hoy ha sido un mal día".*

Ejemplo:

Hoy me he levantado cansado porque he dormido mal y, encima, estaba lloviendo...

Y ahora vosotros... やってみよう!

11 | あなたのブログを更新して、あなたが今日何をしたかをフォロアーの皆さんに伝えましょう。*Escribe una nueva entrada en tu blog en la que cuentes a tus seguidores qué has hecho hoy.*

12 | ラジオのニュースを聞いて、タイトルと結びつけましょう。そしてどの順番でニュースが流れたか番号で答えましょう。*Escucha estas noticias de la radio y relaciona cada una con su titular.*

a	
b	
c	

a
En Barcelona, un turista ha denunciado esta mañana a un mono por robarle las gafas y 72€.

b
Un niño que desapareció el pasado viernes en Madrid ha aparecido hoy escondido detrás del sofá de su casa.

c
En Manchester, la policía ha detenido esta tarde a un hombre que robó un banco disfrazado de árbol.

13 | もう一度練習12のニュースを聴いて質問と答えを結びつけましょう。
Vuelve a escuchar las noticias y relaciona las preguntas con su respuesta.

1) ¿Qué estaba haciendo la madre cuando Manuel se escapó?
2) ¿Qué estaba haciendo toda la familia de Manuel cuando, de repente, el abuelo lo encontró?
3) ¿Qué estaba haciendo María cuando un hombre extraño entró en el banco?
4) ¿Qué estaba haciendo el ladrón cuando la policía llegó a su casa?
5) ¿Qué estaba haciendo Tom cuando el mono entró en su habitación?
6) ¿Qué estaba haciendo la policía cuando Tom llegó a la comisaría?

	estaba sacando dinero
1	estaba leyendo el periódico
	estaba buscando a Manuel
	estaba trabajando y atendiendo llamadas
	estaba duchándose
	estaba tirando la basura

Sigue el rumbo... 順路に沿って

過去進行形		
yo	**estaba**	
tú	**estabas**	
él/ella/usted	**estaba**	+ 現在分詞
nosotros/nosotras	**estábamos**	cantar: **cantando**
vosotros/vosotras	**estabais**	correr: **corriendo**
ellos/ellas/ustedes	**estaban**	salir: **saliendo**

DE REPENTEは、ある出来事が起きている最中、突然、予期せず別のことが起きた時に使う。
– Estábamos comiendo y, de repente, sonó el teléfono.
– Estaba comprando cuando, de repente, los vio.

点過去と一緒に現れ、状況描写に使われる過去進行形

進行中の行為（線過去estaba＋現在分詞）	**y** **cuando**	過去のある一時点における行為、あるいは突発的な行為（点過去）

Estaba caminando y se tropezó.
~~Y se tropezó, estaba caminando.~~
Mi padre estaba cocinando cuando llegamos.
Cuando llegamos a casa, mi padre estaba cocinando.

14 | ニュースを読み、（　）内の不定詞を適切な過去形にしましょう。

Lee la noticia, fíjate en la foto y completa los espacios.

Ayer se celebró la gala de los premios *eÑe de Oro*, que se dan a los mejores reporteros de televisión. En la gala pudimos ver a periodistas, actores y otros profesionales que trabajan en la televisión. Esta es una imagen del momento del discurso que pronunció una de las premiadas, Silvia Martín, mientras se proyectaban distintas imágenes suyas y bajo la atenta mirada del presentador. Todo transcurría con normalidad, es decir, el público escuchaba en silencio, hasta con cierta emoción, cuando ocurrió algo insólito.

El escenario (tener) (1)........................ una luz muy suave.

La periodista (estar) (2)........................ pronuciando su discurso con calma.

El presentador de la gala (estar) (3)........................ escuchando atentamente a Silvia Martín.

El público (poder) (4)........................ ver en la pantalla imágenes de la premiada.

Los asistentes (estar) (5)........................ en silencio; solo se (oír) (6)........................ a Silvia. (Haber) (7)........................ cierta emoción en el ambiente, cuando, de repente, (aparecer) (8)........................ un perro encima de la pantalla. Cuando (ellos, llevarse) (9)........................ al animal, Silvia Martín (continuar) (10)........................ el discurso con su buen humor de siempre. Nadie sabe cómo el perro (conseguir) (11)........................ colarse en el escenario, pero no hay duda de que les (dar) (12)........................ un buen susto a todos y (convertirse) (13)........................ en la anécdota de la noche.

15 | グループワークです。先生が提示する画像を使って練習14と同じように、写真の登場人物がいる場所を描写したり、どういう人達が何をしているのか説明したりしてから、その後何が起きたか想像しましょう。

En grupos, haced lo mismo con las imágenes que os da vuestro profesor: describid el lugar en el que están las personas que aparecen, decid cómo son y qué estaban haciendo, y, después, imaginad qué pasó.

¡Desde aquí suena bien! 聴いてみよう!

16 | テレビのクイズ番組の問題です。言葉の説明を読んで、単語を答えましょう。全てbまたはvを含んでいます。

¡Bienvenidos al concurso de la tele! Leed las definiciones y descubrid las palabras. ¡Atención! todas contienen "b" o "v".

1) Sirve para beber agua: **vaso**
2) Medio de transporte público:
3) Lugar donde puedes leer muchos libros sin necesidad de comprarlos:
4) A mí me gusta leer las del corazón:
5) Segundo mes del año:
6) Normalmente la veo a la hora de comer y por la noche:
7) Me gustan los que escribe Isabel Allende:
8) Estación del año en la que hace más frío:
9) Preguntas que hacen los periodistas a personas famosas o importantes para saber más sobre ellas:
10) Lo usamos para escribir:
11) Diario de vida en internet:
12) Los tres días de la semana entre el miércoles y el domingo:

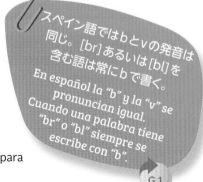

スペイン語ではbとvの発音は同じ。[br]あるいは[bl]を含む語は常にbで書く。

En español la "b" y la "v" se pronuncian igual. Cuando una palabra tiene "br" o "bl" siempre se escribe con "b".

G.1

17 有名人の噂話を取り扱ったトーク番組を聞いて、質問に答えましょう。

Escucha esta tertulia de un programa del corazón y después contesta a las preguntas.

a) ¿Cuántos años han estado juntos María Blasco y Juan Antonio Carreras?

b) ¿Por qué se han separado?

c) ¿Cuándo empezó Juan Antonio otra relación?

d) ¿Qué estaba haciendo María cuando vio a Juan Antonio con otra mujer?

出来事やニュースを
聞いて、合いの手を
入れる時に使える表現
**Recursos para reaccionar
ante un relato o noticia**

¿Sí?
¿De verdad?
¿En serio?
¡No me lo puedo creer!
¡(Es) imposible!
¡No me digas!
¡No puede ser!
¡Qué fuerte!

18 有名人の噂話を取り扱った番組や雑誌に興味がありますか？ クラスメートと話しましょう。

¿Te gustan los programas y las revistas del corazón? Coméntalo con tus compañeros.

有名人のプライベートを
話題にしたテレビ番組や
雑誌は programas de
corazón, revistas de
corazón と言われる。

19 教室で"噂話トーク"をしましょう。一人1つずつ何かを話さなければなりません。話を聞いてあなたはどう
リアクションしますか？ 興味を引かれた事柄について質問をし、より詳しく聞きましょう。

Vamos a hacer en clase una tertulia del corazón. Cada uno tiene una información que tiene que contar al resto.
¿Cómo reaccionáis ante lo que os cuentan? Podéis haceros preguntas para saber más.

– ¡Qué fuerte! Me ha tocado la lotería.
> ¿En serio? ¡No me lo puedo creer!

Y ahora vosotros... やってみよう！

20 先生の指示に従って、みんなで一つの物語を作りましょう。

Ahora, entre todos vamos a contar una historia. Sigue las instrucciones de tu profesor.

21 | ビクトルが友人のソニアに書いたメールです。(　　)内の動詞を適切な過去形にして空欄を埋めましょう。*Lee el correo electrónico que escribe Víctor a su amiga Sonia, y completa con los tiempos del pasado.*

Asunto:

Hola, Sonia.

¿Qué tal estás? No te he escrito antes porque esta semana (estar) (1)............... en la Campus Party que (celebrarse) (2)............... en Valencia. Me lo he pasado fenomenal. Esta edición (ser) (3)............... mejor que la del año pasado porque (estar) (4)............... mucho mejor organizada: el recinto (ser) (5)............... más grande y (haber) (6)............... sitio para mucha más gente. El año pasado (celebrarse) (7)............... en Bogotá. ¡Sí, en Colombia! Y también (ir) (8)............... . (Viajar) (9)............... hasta Colombia solo, pero no me (importar) (11)............... porque allí (conocer) (12)............... a mucha gente e (hacer) (13)............... tres buenos amigos. Así que este año (ser/ellos) (14)............... Alex, Charlie y Esther quienes (viajar/ellos) (15)............... en avión hasta España para reunirnos de nuevo en este fantástico evento...

¿Por qué no vienes con nosotros el año próximo?

Un abrazo.

Víctor.

 22 | あなたの友人に類似した経験（コンサート、展覧会、祭り、…）をメールで伝えましょう。そのメールには次の項目を含まなければなりません。*Ahora, escribe tú un correo electrónico a un amigo para contarle una experiencia parecida (un concierto, una exposición, un festival,..). En él debes explicar:*

- el lugar y la fecha
- cómo era el lugar
- qué hiciste/has hecho allí
  No olvides saludar y despedirte

La Campus Party（キャンパスパーティー）は1997年に、IT愛好家のためのイベントとして生まれた。そして、近年、IT情報交換のために欠かすことのできない重要なイベントとなるまでに発展した。7日間にわたって、共通の趣味を持つ多くの若者が環境の整った会場に泊まり込んで楽しい時を過ごす。

23 | 今日はどんな天気だったでしょう。ラジオを聞いて地図上にどんな天気だったかを記入し、嵐が発生した時、人々がどうしたかを書きましょう。*¿Qué tiempo ha hecho? Escucha el programa de radio, señala en el mapa qué tiempo ha hecho y escribe qué estaban haciendo estas personas cuando les sorprendió la tormenta.*

天気・天候を表す表現
Hace sol / el cielo está despejado
Llueve
Nieva
Hace viento
Hay tormenta / ha caído una tormenta
Hace calor / hace frío
Las temperaturas son altas / bajas
Hay niebla

NORTE

OESTE

ESTE

SUR

Agustín

Álex

Teresa

24 | あなたは天気予報士です。今週どんな天気だったか話しましょう。

Tú eres el presentador del tiempo. Habla del tiempo que ha hecho esta última semana.

Fecha	Lunes 27	Martes 28	Miércoles 1	Jueves 2	Viernes 3	Sábado 4	Domingo 5
Estado del cielo	☀	☀	⛅	🌧	🌧	☀	⛅
Temperatura mínima / máxima (ºC)	11 / 26	14 / 27	16 / 24	14 / 23	13 / 22	13 / 21	10 / 22

Y ahora vosotros... やってみよう!

25 | ジャーナリストになりましょう！ 新聞編集部とテレビニュース番組編集部のグループを作ってください。先生の指示に従って、新聞班は新聞の第一面を、テレビ班は主な項目を紹介するテレビのニュース原稿を作成しましょう。 *¡Ahora vamos a ser periodistas! En grupos, unos formaréis la redacción de un periódico y otros, en cambio, seréis la redacción de un telediario. Seguid las instrucciones de vuestro profesor para preparar la primera página del periódico y la edición del telediario.*

TÍTULO

NOTICIA

NOTICIA

NOTICIA   NOTICIA

NOTICIA   NOTICIA

バカンス
VEN Y VERÁS

En marcha

1 | 何を言っているか聴きましょう。休暇はどこに行くと言っていますか? 旅行の理由や目的は何でしょうか。吹き出しの中の空欄を埋めましょう。
Escucha qué dicen estas personas. ¿Adónde van a ir de vacaciones? ¿Por qué? Completa.

a

Me voy a
....
porque
....

b

Haré un crucero
....
para
....

c

Nos vamos a .... para nuestra .... Nos casamos hace una semana.

d

Vamos a viajar por .... porque .... y lo queremos celebrar así.

.... Por eso, iré a .... con una amiga.

e

f

Voy a viajar mucho en avión, pero no serán vacaciones: .... Mi primer vuelo será a ....

💬 **2** あなたは今度の休みにどこに行きますか？

¿Y tú? ¿Adónde vas a ir en tus próximas vacaciones?

3｜旅行の行き先とスタイルは様々です。次の行き先や旅行のスタイルの長所と短所を写真の下の枠内に書きましょう。 *Existen diferentes destinos y estilos de viajar. ¿Qué crees que es lo mejor y lo peor de estos? Escríbelo debajo de cada imagen.*

Playa turística *Haces nuevos amigos* *Hay mucha gente* *....*	**Pequeño pueblo en las montañas**	**Viaje mochilero**	**Tour turístico en grupo**

4｜ルシアとマルコスの意見を聞きましょう。二人はどんな休暇を望んでいますか？ 最終的に二人はどんなプランを選びましたか？ *Escucha las opiniones de Lucía y Marcos: ¿qué tipo de vacaciones prefiere cada uno? ¿Qué plan eligen al final?*

Sigue el rumbo... 順路に沿って

意見を述べる時に役立つ表現			
	CREER	**PENSAR**	**OPINAR**
yo	creo	pienso	opino
tú	crees	piensas	opinas
él/ella/usted	cree	piensa	opina
nosotros/nosotras	creemos	pensamos	opinamos
vosotros/vosotras	creéis	pensáis	opináis
ellos/ellas/ustedes	creen	piensan	opinan

(a mí)	me
(a ti)	te
(a él/ella/usted)	le
(a nosotros/as)	nos
(a vosotros/as)	os
(a ellos/ellas/ustedes)	les

＋ QUE ＋ 動詞

Creo que este hotel es caro.
Pienso que llevo demasiadas cosas en la maleta.
Opino que el norte es mejor para veranear.

G.14-15

PARECE ＋ QUE ＋ 動詞

Me parece que este camino es más corto.
Nos parece que tienes toda la razón.

Para mí, lo mejor es ir al pueblo de vacaciones.

Para mis padres, un viaje tiene que estar organizado.

5 | 外国に行くと、文化の違いについて学ぶことができます。
次の文章はスペインとイスパノアメリカ諸国に関する見解です。
あなたは同意できますか? *Cuando viajamos a otros países aprendemos mucho sobre diferentes formas de ser. Lee estos tópicos sobre España e Hispanoamérica. ¿Estáis de acuerdo con todos?*

1) Los españoles siempre están de fiesta.

2) Los argentinos son los más seductores.

3) Los españoles gritan y gesticulan mucho: parece que siempre están enfadados cuando hablan.

4) Los cubanos nunca tienen prisa; hacen todo relajadamente.

5) España es el país de Europa con más turismo porque siempre hace calor.

6) En Puerto Rico solo se escucha música de *reggaeton*.

7) Los españoles no saben hablar idiomas.

8) Los mexicanos siempre llevan un sombrero muy grande.

9) La comida española es la mejor de todas.

10) Todas las personas hispanoamericanas son muy religiosas y les encanta el fútbol.

> #### 賛成や反対を表す
>
> Pues a mí me parece que sí / no.
> Pues yo (no) estoy de acuerdo.
>
> Sí, tienes razón / No, no tienes razón.
>
> Yo (no) estoy de acuerdo con eso / con lo que has dicho / contigo.
>
> Eso es verdad, pero... i opinión.
> Eso es una tontería / no es verdad.

6 | 他にこのような固定観念を知っていますか? それらの固定観念の見解が変わったことがありますか?
あなたの国やクラスメートの出身地についてどんな固定観念が存在しますか? それは全て正しいですか?
¿Qué otros tópicos conoces? ¿Has cambiado alguna de tus opiniones sobre ellos? ¿Y sobre tu país y el de tus compañeros, qué tópicos existen? ¿Estás de acuerdo con todos?

7 | 旅行のことが書いてあるブログを読みましょう。あなたはどう思いますか?
Lee este texto de un blog de viajes. ¿Y vosotros qué opináis?

VIAJEROS DEL MUNDO

¿Alguna vez has ido a comprar el pan y te has encontrado con un grupo de 50 turistas de viaje? Si vives en el centro de una ciudad turística, esto es habitual porque en muchas ciudades de la geografía española, europea y mundial, sus habitantes tienen que vivir día a día con la industria más contaminante de nuestro tiempo: el turismo de masas. Siempre he pensado si realmente existe o no una diferencia entre viajar y hacer turismo. Cuando haces turismo suele ser en un viaje, claro, pero creo que viajar es vivir experiencias: trasladarse a un lugar desconocido, conocer su cultura, descubrir los sitios más raros, hablar con la gente, vivir el viaje con tiempo y sin prisas. Pero últimamente el turismo es de masas: mucha gente en grupos, ir de un sitio a otro, excursiones con horario marcado y compras en las tiendas de recuerdos. Además, la construcción de hoteles ha crecido a gran velocidad, sobre todo en zonas de costa. Se han destruido importantes zonas naturales de todos los países para hacer lugares dedicados al turismo. Dice Antonio Russo, italiano y geógrafo de la Universidad Rovira i Virgili, que hoy en día el turista es un "turista global, poco atento, con ganas de disfrutar gastando y sin interés por integrarse en el escenario que visita".

Texto adaptado de: *turisblog.com* y *revistanamaste.com*

Y ahora vosotros... やってみよう!

8 | 賛成? 反対? 先生の指示に従って、賛成派、反対派に分かれてディベートをしましょう。
¿A favor o en contra? Defiende tu postura en los distintos debates que se proponen en clase. Sigue las instrucciones de tu profesor.

9 | タイムマシーンを使って未来へ旅しましょう。30年後の世の中はどうなっているでしょうか？ 枠内の動詞を使って文を作りましょう。*Ahora vamos a viajar al futuro con la máquina del tiempo. ¿Cómo será la vida dentro de treinta años? Mira las formas verbales y haz frases.*

comeremos • viajaré • escribiremos • habrá • haremos • sabremos • tendré que

Sigue el rumbo... 順路に沿って

未来形の
活用語尾に注意
不定詞 ＋ 活用語尾

viajar
comer
escribir
＋
-é
-ás
-á
-emos
-éis
-án

G.14

未来

	VIAJAR	COMER	ESCRIBIR
yo	viajaré	comeré	escribiré
tú	viajarás	comerás	escribirás
él/ella/usted	viajará	comerá	escribirá
nosotros/nosotras	viajaremos	comeremos	escribiremos
vosotros/vosotras	viajaréis	comeréis	escribiréis
ellos/ellas/ustedes	viajarán	comerán	escribirán

不規則活用する動詞の例

G.15

DECIR	diré...	HACER	haré...
PODER	podré...	SABER	sabré...
SALIR	saldré...	PONER	pondré...
TENER	tendré...	VENIR	vendré...

IR A + 不定詞

「*ir a* + 不定詞」を使って、未来の行為を表せる。

El año que viene iré a Cuba.
El año que viene voy a ir a Cuba.

未来形とともに使われる、時を表す表現
Marcadores temporales del futuro

mañana
pasado mañana
el miércoles
este día / mes / año / siglo
esta mañana / tarde / noche / semana
dentro de tres años / unos años
el día / mes / año que viene
el próximo día / mes / año
la semana que viene
la próxima semana

10 | ラウルは来月休暇で旅行に行くことになっています。その旅行でどんなことが起こるか知りたいと思っています。そこで彼は未来を読む占い師のブルハ・ローラに相談をしました。予言を聞いてその内容を吹き出しの中に書きましょう。*Raúl va a ir de vacaciones el mes que viene y quiere saber qué le pasará. Por eso ha ido a consultar a la Bruja Lola, que sabe leer el futuro. Escucha y escribe las predicciones.*

> *Tendrás que sacar los billetes de avión pronto, porque subirán de precio la semana que viene...*

11 | ロレナはきっちり予定を立てるタイプです。写真と手帳を見て、来週の休暇中にマドリードで何をするつもりなのか言いましょう。*Lorena prefiere tener todo muy organizado. Fíjate en las imágenes y en su agenda y di qué va a hacer durante sus vacaciones en Madrid la próxima semana.*

Lorena va a volar desde México DF hasta Madrid...

1– Vuelo México DF-Madrid.
2– Barcas en el Parque del Retiro.
3– Visita a la Puerta del Sol.
4– Tour de Tapas.
5– Museo del Prado.
6– Excursión a San Lorenzo del Escorial.
7– «La vida es sueño» en el Teatro Real.
8– Paseo por el barrio de Lavapiés.
9– Compras en el rastro.

Y ahora vosotros... やってみよう!

12 | あなたは占い師になりました。カードや水晶玉や、手相を見てクラスメートの未来を予言しましょう。どんな未来が見えますか？ *Imagina que te conviertes en brujo. Haz predicciones a tus compañeros consultando tus cartas, tu bola de cristal o leyendo la mano. ¿Cómo ves su futuro?*

13 旅行に行く前に情報を収集することは有益です。アリシアの次のアドバイスを読んで、吹き出しの中の空欄に入れましょう。*Antes de viajar, siempre es útil informarse.*
Lee estos consejos de Alicia y completa los huecos con las frases.

1) no hagáis fotos si no está permitido y respetad a los animales.
2) tenéis que respetar las costumbres del lugar.
3) es bueno seleccionar un itinerario antes de partir.
4) recordad que es bueno llevar ropa ligera y cómoda.
5) podréis consultar con vuestra compañía aérea.

¡Hola, viajeros!
Hoy os dejo algunos consejos para vuestros
futuros viajes:

• *Si perdéis la maleta en el aeropuerto,*
....

• *Si vais a algún país tropical,*
....

• *Si viajáis a países con una cultura muy distinta a la vuestra,*
....

• *Si visitáis museos, parques y reservas naturales,*
....

• *Si el país o la ciudad adonde vais tiene muchas*
cosas para ver,
....

¡Buen viaje a todos!
¡Hasta la próxima!

Sigue el rumbo...　順路に沿って

条件文

Si + 直説法現在（現在または未来を表す）

	肯定文	*puedes probar el cocido madrileño.*
	否定文	*no puedes bañarte en el mar.*
Si vas a Madrid,	肯定命令	*visita el Museo del Prado.*
	否定命令	*no olvides visitar el Museo del Prado.*
	質問文	*¿me mandarás una postal?*
	未来	*te esperaré en la estación.*

Si の後に未来形は
来ないことに注意。

~~Si irás a Madrid,~~ *visitarás*
el Prado.
Si vas a Madrid, visitarás
el Prado.

Y ahora vosotros...　やってみよう！

14 友人にメールを書きましょう。友人が遊びに来たらどんなことができるのか伝えましょう。どんなアドバイスをしますか？*Escribe un correo electrónico a un amigo. Tendrás que decirle qué puede hacer en tu ciudad si va a visitarte. ¿Qué consejos vas a darle?*

¿Se puede utilizar el wifi de forma gratuita? 無料Wi-Fi使えますか？

15 | 音声を聴いて正しいものを選びましょう。 *Escucha y señala la opción correcta.*

1. El cliente realizará el viaje...	2. El cliente necesita...	3. El hotel tiene varios regímenes de alojamiento...
a) entre el 22 y el 27 de agosto. b) entre el 2 y el 7 de agosto. c) entre el 22 y el 28 de agosto.	a) una habitación individual. b) dos habitaciones dobles. c) una habitación doble.	a) pensión completa, media pensión y solo alojamiento. b) pensión completa, media pensión y todo incluido. c) pensión completa, media pensión, solo alojamiento y todo incluido.

16 | ペアで行うロールプレイです。一人はフロント係、もう一人は客になりましょう。次の例を参考にして会話をしましょう。 *En parejas, uno será el recepcionista y el otro el cliente. Seguid el ejemplo.*

– ¡Hola, buenos días! Olvidé preguntarle...
¿Se puede pagar con tarjeta en el hotel?
> Sí, sí, claro que se puede.

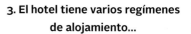

何かをしても良いかどうかを尋ねる表現

¿Se puede + 不定詞?
¿Está permitido + 不定詞?
¿Se permite + 不定詞?
¿Está prohibido +不定詞?
¿Se prohíbe + 不定詞?

Y ahora vosotros... やってみよう!

17 | ペアで、質問と答えの練習をしましょう。 *Ahora, en parejas, pregunta a tu compañero.*

En el bar...	En el área de servicio...	En el zoo...

En el museo...	En la gasolinera...	En la autovía o autopista...

18 教室をテレビ番組 "カフェ・コン・エレ" のスタジオだと想定してください。このバラエティー番組には、旅行、健康、料理、映画、ショー、宣伝などいろいろなコーナーがあります。先生の指示に従いましょう。*Nuestra clase se convierte en el plató del programa de televisión Café con ELE. En este programa de entretenimiento podemos encontrar varias secciones: viajes, salud, cocina, cine y espectáculos, espacio publicitario y tertulia del corazón. Sigue las instrucciones de tu profesor.*

VIAJES

¿Dónde vamos?

¿Cómo se llega?

¿Dónde nos podemos alojar?

¿Qué podemos hacer allí? Planea la visita.

¿Qué llevamos en la maleta?

SALUD: Estrés

¿Qué hábitos causan estrés?

¿Qué consejos puedes dar a una persona estresada?

¿Qué remedios naturales conoces contra el estrés?

¿Puedes contar alguna experiencia personal?

COCINA

¿Qué plato vamos a cocinar hoy?

¿De dónde es el plato?

¿Qué ingredientes lleva?

¿Cómo se prepara?

CINE Y ESPECTÁCULOS

¿Cuál es la película de la semana?
¿Cuál es el argumento?
¿Qué opinan los espectadores?
Entrevista al actor protagonista.

GANGA

ESPACIO PUBLICITARIO

¿Qué producto está en oferta?
¿Para qué sirve?
¿De qué está hecho?
¿Cuánto cuesta?

TERTULIA DEL CORAZÓN

¿Qué ha pasado?
¿Quiénes son los protagonistas?
¿Qué opinan los periodistas del corazón?
¿Qué dicen los protagonistas de esta historia?

文法ガイド

GRAMÁTICA

Español **ELE***lab*

A1
A2

Gramática

1. 文字と発音　Las letras y los sonidos

スペイン語は27の文字とch,ll,rrの3つの二重字があります。　El español tiene 27 letras y tres dígrafos (unión de dos letras).

大文字 Letra mayúscula	小文字 Letra minúscula	名称 Nombre	例 Ejemplos	重要 Información importante
母音 VOCALES				
A	a	a	*agua* 水; *cara* 顔	
E	e	e	*beber* 飲む; *leche* 牛乳	スペイン語には5つの母音があります。
I	i	i	*bici* 自転車; *Italia* イタリア	En español solo existen cinco vocales.
O	o	o	*foto* 写真; *moto* バイク	
U	u	u	*uno* 1; *Uruguay* ウルグアイ	
子音 CONSONANTES				
B	b	be	*bolígrafo* ボールペン *libros* 本(複数)	スペイン語では*b*と*v*の発音の違いはありません。bacaとvacaは同じ発音です。 No hay diferencias en español entre *b* y *v*. Se pronuncian igual *baca* y *vaca*.
C	c	ce	*casa* 家; *coche* 車 *claro* 明らかな *cielo* 空; *cero* ゼロ	*a,o,u,r,l*の前にある場合は[k]で発音します。*k*や*qu*の文字の場合と同じです。 *e,i*の前にある場合は地域によって発音が異なります。スペインの多くの地域では*z*と同じ発音ですが、スペインの南部やカナリア諸島、イスパノアメリカでは*s*と同じ発音です。 Cuando va delante de *a, o, u, r, l* suena [k] igual que las letras *k* y *qu*. Si va delante de *e, i*, suena igual que *z* en gran parte de España y como *s* en el sur de la España peninsular, en las Islas Canarias y en América.
D	d	de	*donde* 関係副詞 *ciudad* 街	
F	f	efe	*feliz* 幸せな; *café* コーヒー	
G	g	ge	*gato* 猫; *gordo* 太った *grande* 大きい *gemelas* 双子の姉妹(複数) *girar* 曲がる *guitarra* ギター *Miguel* ミゲル(男性名)	*a,o,u,r,l*の前にある場合は[g]で発音します。 *e,i*の前にある場合は[x]で発音します。*j*と同じ発音です。この場合、[g]と発音するためには*u*を添える必要があります。*guitarra* *g*の後の*u*は発音されません。 *u*を発音する場合はその上に記号 ¨ が必要です。　*cigüeña*(コウノトリ) Cuando va delante de *a, o, u, r, l* suena [g]. Cuando va delante de *e, i* suena [x] igual que la letra *j*. Para que suene [g] necesitamos una *u*: *guitarra*. Recuerda que esa *u* posterior a una *g* no se pronuncia; si se quiere pronunciar es necesario escribir sobre ella el signo ¨: *cigüeña*.
H	h	hache	*helado* アイスクリーム *La Habana* ハバナ(キューバの首都)	発音されません。 No se pronuncia.
J	j	jota	*Javier* ハビエル(男性名) *viaje* 旅行	スペインの多くの地域では非常に強く発音されます。 スペイン南部とイスパノアメリカでは弱い気息を伴った[h]で発音します。 En muchas zonas de España se pronuncia muy fuerte. En el sur de España y en América se pronuncia como una *h* aspirada bastante suave.
K	k	ka	*kilogramo* キログラム *kiwi* キウイ	*k*の文字が含まれる単語は非常に少数です。*kilo; kilómetro*など Hay muy pocas palabras con *k* en español: *kilo; kilómetro*...
L	l	ele	*lápiz* 鉛筆; *Lola* ローラ(女性名)	
M	m	eme	*Madrid* マドリード(スペインの首都) *cama* ベッド	
N	n	ene	*nueve* 9; *niebla* 霧	スペイン語の綴りに*np, nb*という綴りはありません。 書く時には必ず、*mp*と*mb*で書きます。　*empezar, cambio* Ninguna palabra española se escribe con *n* antes de *p* o de *b*. En esta posición es obligatoria la *m*: *empezar, cambio*.
Ñ	ñ	eñe	*español* スペイン語 *niña* 女の子	
P	p	pe	*Pablo* パブロ; *pizarra* 黒板	
Q	q	cu	*queso* チーズ; *aquí* ここに	この文字は常に後ろに*ui*か*ue*を伴います。*qui*と*que*でそれぞれ[ki] [ke]と発音します。 Va acompañada siempre de *u*: *qu*. Detrás sólo pueden ir *e* o *i*. Se pronuncia [k]: *kiwi, queso, casa*.
R	r	erre	*arroz* 米; *receta* レシピ *Enrique* エンリケ *naranja* オレンジ *gracias* ありがとう *señor* 男性	*rr*の綴りは常に母音の間に現れます。顫動音の*r*で発音します。 *r*の文字が語頭にある場合と*l,n, s*の後にある場合は、同様に顫動音の*r*で発音します。それ以外の場所では弾き音で発音します。 La *rr* va siempre entre vocales y se pronuncia como "r fuerte". La *r* se pronuncia "r fuerte" al principio de palabra y cuando va después de *l*, *n* y *s*. La *r* se pronuncia "r débil" en los demás casos.

S	s	ese	*sal* 塩; *risa* 笑い	スペインの多くの地域とイスパノアメリカでは音節末や語末の *s* は気息化します。この場合の気息化というのは弱い j の音で発音することです。e'ta', cosa' En muchas zonas de España y de América se aspira la –s final de sílaba o de palabra, es decir, se pronuncia de manera parecida a *j* suave: e'ta', cosa'
T	t	te	*tomate* トマト; *botella* 瓶	
V	v	uve	*vaso* コップ	*b* と同じ発音です。 Véase la *b*.
W	w	uve doble	*kiwi* キウイ	ほとんど使われません。（通常外国語の単語に用いられます。） Se usa muy poco (normalmente, solo en nombres extranjeros).
X	x	equis	*taxi* タクシー *examen* 試験	通常、語頭には用いられません。 Normalmente no se usa al principio de las palabras.
Y	y	i griega, ye	*ayer* 昨日 *yogur* ヨーグルト	イスパノアメリカのいくつかの国（アルゼンチン、ウルグアイなど）では特殊な音で発音されます。 En algunos países de América (Argentina, Uruguay, etc.) se pronuncia de una forma peculiar.
Z	z	zeta	*zapato* 靴	スペインの多くの地域では *cenar*(夕食をとる)や *cielo*(空)の *ce,ci* の子音 *c* と同じ発音で発音されます。 スペイン南部とカナリア諸島、およびイスパノアメリカでは [s] で発音します。 En la mayor parte de España se pronuncia como la *c+e, i: cenar* o *cielo*. En el sur de la España peninsular, en las Islas Canarias y en América se pronuncia [s].

これらが二重字です。Estos son los dígrafos del español:

大文字 *Letra mayúscula*	小文字 *Letra minúscula*	名称 *Nombre*	例 *Ejemplos*	重要 *Información importante*
RR	rr	erre doble	*perro* 犬	r じ始まる単語と同じ発音です。 *ratón*(ネズミ); *río*(川); Roberto(ロベルト) Recuerda que también suenan igual las palabras que empiezan con una sola *r: ratón; río; Roberto,...*
Ll	ll	elle	*llover* 雨が降る; *calle* 通り	多くの地域で *y* の文字と *ll* の発音の違いはありません。 En muchas zonas, no se diferencia la pronunciación de *y* y *ll*.
Ch	ch	che	*chica* 女の子 *chocolate* チョコレート	

2. アクセントの規則 Las reglas de acentuación

スペイン語にはアクセント符号（ ´ ）が一種類だけあります。この符号が書いてある場合は、そこにアクセントがあります。スペイン語の単語は以下のタイプに分けることができます。En español existe solamente un acento gráfico o tilde (´), que, cuando se usa, señala qué sílaba de una palabra es la que se pronuncia con mayor fuerza. Las palabras del español pertenecen a uno de estos tipos:

PALABRAS ESDRÚJULAS

PALABRAS ESDRÚJULASというのは、「後ろから3番目の音節にアクセントのある単語」です。Son las que tienen como sílaba fuerte la antepenúltima (la tercera contando desde el final de la palabra).

sábado 土曜日, **mú**sica 音楽, te**lé**fono 電話, bo**lí**grafo ボールペン, **plá**tano バナナ, his**pá**nico スペイン語圏諸国の...

このタイプの単語は必ずアクセント符号を書きます。Llevan acento gráfico (´) todas las esdrújulas:

séptimo 7番目の
 índice 索引
 física 物理学

PALABRAS LLANAS

PALABRAS LLANASというのは、「後ろから2番目の音節にアクセントのある単語」です。Son las que tienen como sílaba fuerte la penúltima (la segunda contando desde el final de la palabra).

fútbol サッカー, **ár**bol 木, **me**sa 机 za**pa**tos 靴, **lá**piz 鉛筆, **te**nis テニス, a**zú**car 砂糖...

アクセント符号が必要なのは、-n、-s 以外の子音で終わる単語です。Solo llevan acento gráfico (´) las que no sea ni **–n**, ni **–s**:

fácil 簡単な
 azúcar 砂糖
 ángel 天使

PALABRAS AGUDAS

PALABRAS AGUDASというのは、「一番後ろの音節にアクセントのある単語」です。

Son las que tienen como sílaba fuerte la última.

Pa**rís** パリ, ca**fé** コーヒー, so**fá** ソファ, me**lón** メロン, can**tar** 歌う, Bra**sil** ブラジル...

アクセント符号が必要なのは、-n、-s または、母音で終わる単語です。Solo llevan acento gráfico las que terminan en **–n**, **–s** y vocal:

aquí ここに
 café コーヒー
 sillón ひじ掛け椅子

Gramática

疑問詞・感嘆詞はアクセント符号を付けます。Los interrogativos y exclamativos llevan acento gráfico:

¿**Quién** eres?	君は誰ですか？	¿**Cuántos** años tienes?	君はいくつですか？
¿**Qué** quieres?	君は何が欲しいですか？	¿**Cuándo** has venido?	君はいつ来たのですか？
¿**Cuál** te gusta más?	君はどれが一番好きですか？	¡**Qué** estupendo!	なんて素晴らしい！
¿**Cómo** te llamas?	君の名前はなんですか？	¡**Cuánto** me alegro!	あぁ嬉しい！
¿**Dónde** vives?	君はどこに住んでいますか？		

2.1 アクセントの規則：単音節語の場合　Las reglas de acentuación (II): los monosílabos

通常、単音節の単語はアクセント符号は付けません。しかし、アクセント符号を付けるものもあります。この場合、同じ綴りで意味の異なる単語を区別するためにアクセント符号が用いられます。Las palabras de una sola sílaba normalmente no llevan tilde. Sin embargo, algunas sí la llevan. En este caso, el acento gráfico se usa para diferenciar dos palabras iguales pero con distinto significado. Algunos ejemplos:

el	(冠詞 artículo)	El coche de Luis　ルイスの車
él	(代名詞 pronombre)	Él se fue ayer. 彼は昨日行きました。
tu	(所有詞 posesivo)	Es tu hermano. 彼は君の兄だ。
tú	(代名詞 pronombre)	Lo has hecho tú. それを君がやったんだ。
mi	(所有詞 posesivo)	Es mi prima. 彼女は私のいとこだ。
mí	(代名詞 pronombre)	Ese regalo es para mí. そのプレゼントは私のためのものです。
se	(代名詞 pronombre)	Se levanta a las siete. 彼（彼女）は7時に起きます。
sé	(動詞 verbo)	No sé cómo se llama. 彼（彼女）がどういう名前か知りません。
te	(代名詞 pronombre)	Te espero en mi casa. 私は君を家で待つ。
té	(名詞 sustantivo)	¿Quieres un té? お茶いる？
si	(接続詞 conjunción)	Si vas, avísame. もし君が行くなら、私に知らせて。
sí	(肯定 afirmación)	¿Quieres comer? Sí, tengo hambre. 食べる？　うん、お腹がすいた。
de	(前置詞 preposición)	El reloj de oro　金の時計
dé	(動詞 verbo)	Quiero que me dé el libro. 私にその本をください。

3. 性・数　El género y el número

単数形 SINGULAR		複数形 PLURAL	
男性名詞 MASCULINO	女性名詞 FEMENINO	男性名詞 MASCULINO	女性名詞 FEMENINO
chico 男の子	**chica** 女の子	**chicos** 男の子たち	**chicas** 女の子たち
profesor 男性教師	**profesora** 女性教師	**profesores** 男性教師たち	**profesoras** 女性教師たち

性（男性名詞／女性名詞）　El género (masculino / femenino)

通常 Generalmente:
- -o,-eで終わる名詞は男性名詞です　-son **masculinos** los nombres que **acaban en –o** o en **–e**
  - *el gato* 猫, *el abuelo* 祖父, *el primo* いとこ, *el príncipe* 王子、皇太子, *el peine* くし
- -aで終わる名詞は女性名詞です　-son **femeninos** los que **acaban en –a**
  - *la gata* 猫, *la abuela* 祖母, *la prima* いとこ

例外もあります。Pero hay excepciones:

-aで終わる男性名詞　Masculinos que terminan en –a	*el día* 一日, *el problema* 問題, *el mapa* 地図...
-oで終わる女性名詞　Femeninos que terminan en –o	*la mano* 手, *la foto* 写真, *la moto* バイク...
-eで終わる女性名詞　Femeninos que terminan en –e	*la clase* 授業, *la tarde* 午後, *la noche* 夜...

それ以外の文字で終わる単語は、男性名詞の場合も女性名詞の場合もあります。Las palabras que acaban de otras formas pueden ser masculinas o femeninas:

el calor 熱	/ *la flor* 花
el león ライオン	/ *la acción* 行動
el arroz 米	/ *la paz* 平和
el país 国	/ *la crisis* 危機
el fútbol フットボール	/ *la miel* 蜂蜜

補足:人や動物が男性・複数形の場合、女性も含む場合があります。男性だけなのか女性も含まれているのかは文脈によって判断します。
また、男性・複数形は種類全体をあらわす総称表現として使われることもあります。

数（単数・複数） El número (singular / plural)

複数形は通常-sまたは-esを付けて形成されます。 El **plural** se forma normalmente **añadiendo**:

母音で終わる単語は-sを付けます　**–s** si la palabra acaba en vocal

man**o** → man**os** 手

padr**e** → padr**es** 父、親（複数形に母親が含まれるかどうかは文脈で判断）

子音で終わる単語は-esを付けます　**–es** si la palabra acaba en consonante

relo**j** → relo**jes** 時計

españo**l** → españo**les** スペイン人

pape**l** → pape**les** 紙

-zで終わる名詞や形容詞は綴り上の注意が必要です。 Atención a los **nombres y adjetivos que acaban en –z**:

lápi**z** → lápi**ces**; pe**z** → pe**ces**; feli**z** → feli**ces**.

-sで終わる曜日に関しては、単・複同形です。 En cuanto a los **días de la semana** no cambian los acabados en –s:

el/los lunes 月曜日; el/los martes 火曜日; el/los miércoles 水曜日; el/los jueves 木曜日; el/los viernes 金曜日;

sábado土曜日、domingo日曜日は通常の規則に従ってsを付けて複数形にします。sí lo hacen, siguiendo la norma general sábado y domingo:

el sábado → los sábados; el domingo → los domingos.

4. 形容詞 Los adjetivos

	単数形 SINGULAR		複数形 PLURAL	
	男性 MASCULINO	女性 FEMENINO	男性 MASCULINO	女性 FEMENINO
男女2つの性があるもの DOS TERMINACIONES	**bonito** きれいな **inglés** イギリスの	**bonita** きれいな **inglesa** イギリスの	**bonitos** きれいな **ingleses** イギリスの	**bonitas** きれいな **inglesas** イギリスの
男性女性同形 UNA TERMINACIÓN	**inteligente** 賢い **feliz** 幸福な		**inteligentes** 賢い **felices** 幸福な	

名詞と形容詞は性数一致する El nombre y el adjetivo concuerdan en género y número:

Chico listo　　　　*Chica lista*　　　　*Chicos listos*　　　　*Chicas listas*
利口な男の子　　　　利口な女の子　　　　利口な男の子たち　　　　利口な女の子たち

-eや子音で終わっている大半の形容詞は男性と女性は同形である Muchos adjetivos terminados en –e o en consonante son iguales en masculino y en femenino:

Hombre inteligente　　　*Mujer inteligente*　　　*Hombres inteligentes*　　　*Mujeres inteligentes*
賢い男性　　　　　　　賢い女性　　　　　　　賢い男性たち　　　　　　賢い女性たち

4.1 比較級 Los comparativos

比較 COMPARATIVO	優等 superioridad	Eva es **más simpática que** Roberto	エバはロベルトよりも感じ良い
	同等 igualdad	Eva es **tan simpática como** Roberto Eva es **igual de simpática que** Roberto	エバはロベルトと同様に感じ良い エバはロベルトと同じくらい感じ良い
	劣等 inferioridad	Eva es **menos simpática que** Roberto	エバはロベルトほど感じが良くない

形容詞		COMPARATIVO (SUPERIORIDAD)	
		普通形 COMPARATIVO NORMAL	特殊形 COMPARATIVO ESPECIAL
良い	bueno	–	mejor より良い
悪い	malo	–	peor さらに悪い
小さい	pequeño	más pequeño より小さい、もっと小さい	menor (年齢、規模など)
大きい	grande	más grande より大きい、もっと大きい	mayor (年齢、規模など)
低い	bajo	más bajo より低い、下の	inferior (品質、上下の位置関係など)
高い	alto	más alto より高い、上の	superior (品質、上下の位置関係など)

4.2 最上級 Los superlativos

最上級	絶対最上級 absoluto	Eva es **muy inteligente** **inteligentísima** エバはとても賢い
SUPERLATIVO	相対最上級 relativo	Eva es **la más inteligente** de la clase エバはクラスの中で一番賢い

形容詞		SUPERLATIVO ABSOLUTO		
		普通形 SUPERLATIVO NORMAL		特殊形 SUPERLATIVO ESPECIAL
良い	bueno	とても良い	buenísimo	とても良い óptimo
悪い	malo	とても悪い	malísimo	とても悪い pésimo
小さい	pequeño	とても小さい	pequeñísimo	とても小さい mínimo
大きい	grande	とても大きい	grandísimo	とても大きい máximo
低い	bajo	とても低い	bajísimo	とても低い ínfimo
高い	alto	とても高い	altísimo	とても高い supremo

5. 冠詞 Los artículos

	定冠詞 ARTÍCULO DETERMINADO		不定冠詞 ARTÍCULO INDETERMINADO	
	単数 SINGULAR	複数 PLURAL	単数 SINGULAR	複数 PLURAL
男性 Masculino	**el** *el abuelo*	**los** *los abuelos*	**un** *un abuelo*	**unos** *unos abuelos*
女性 Femenino	**la** *la nieta*	**las** *las nietas*	**una** *una nieta*	**unas** *unas nietas*

中性 Neutro	**lo** *lo mejor, lo útil* 良いこと、役立つこと

冠詞について OBSERVACIONES:

1. 定冠詞は男性・女性の他に中性のloがある。中性のloは複数形が無い。"las cosas"や"la parte"（または"el componente"）の意味で使われる。Como ves, existe también un artículo neutro **lo**, que no tiene plural, y que normalmente se usa para significar algo parecido a "las cosas" o "la parte" (o "el componente"):

    A mí solo me gusta lo bueno → "A mí solo me gustan las cosas buenas". 私は良いものだけが好きだ。
    Lo mejor del libro es el final → "La parte/el componente mejor del libro es el final". この本の一番良いところは終わりの部分だ。

2. 名詞が総称を表す時には、無冠詞で複数形を用いる。また、不可算名詞も無冠詞である。Cuando usamos el plural para hablar de algo de forma general, no usamos el artículo. Tampoco con nombres incontables:
    Para la receta necesitamos naranjas. このレシピにはオレンジが必要だ。
    Voy a comprar carne. 私は肉を買う。

3. 人名には定冠詞は用いない。No usamos el artículo delante de los nombres propios de persona:
    el̶ Juan; l̶a̶ Gloria; e̶l̶ Antonio y l̶a̶ Alba...
    国名では定冠詞を用いないのが基本であるが、定冠詞をつけることができるものもある。Con los nombres de países lo normal es no usar artículo, aunque algunos países pueden llevarlo:
    el Brasil ブラジル; *la India* インド; *el Perú* ペルー; *el Japón* 日本; *la Argentina* アルゼンチン; *los Estados Unidos* アメリカ...
    しかし一般に用いない傾向がある De todas formas, es más frecuente evitarlo: *Brasil, India, Perú, Argentina...*

4. 人の職業について話すときは不定冠詞を用いない。Para hablar de la profesión de una persona no se usa el artículo indefinido:
    Priscila es u̶n̶a̶ periodista y Pablo es u̶n̶ arquitecto. プリスシラは新聞記者でパブロは建築家だ。
    職業に関して何らかの情報を追加する時は不定冠詞を使う。Sí lo usamos cuando añadimos alguna información:
    Priscila es una periodista _muy buena_ y Pablo es un _estupendo_ arquitecto. プリスシラはとても良い新聞記者でパブロは素晴らしい建築家だ。

5. 前置詞a+elと前置詞de+elはそれぞれ al と del になる。En español los grupos a + el y de + el: se convierten en al y del:
    V̶o̶y̶ a̶ e̶l̶ s̶u̶p̶e̶r̶m̶e̶r̶c̶a̶d̶o̶ → Voy **al** supermercado. 私はスーパーマーケットに行く。
    E̶l̶ c̶o̶c̶h̶e̶ d̶e̶ e̶l̶ v̶e̶c̶i̶n̶o̶ → El coche **del** vecino 隣の家の車。

6. 指示詞 Los demostrativos

	単数形 SINGULAR		複数形 PLURAL	
	男性 MASCULINO	女性 FEMENINO	男性 MASCULINO	女性 FEMENINO
近い Cerca (yo)（近称）	**este** これ、この *Este señor* この男性 *¿Quién es este?* この男性は誰ですか?	**esta** これ、この *Esta señora* この女性 *¿Quién es esta?* この女性は誰ですか?	**estos** これら *Estos señores* これらの男性 *¿Quiénes son estos?* これらの男性達は誰ですか?	**estas** これら *Estas señoras* これらの女性 *¿Quiénes son estas?* これらの女性達は誰ですか?
近さと遠さの間 Entre cerca y lejos (tú)（中称）	**ese** それ、その *Ese señor* *¿Quién es ese?*	**esa** それ、その *Esa señora* *¿Quién es esa?*	**esos** それら、それらの *Esos señores* *¿Quiénes son esos?*	**esas** それら、それらの *Esas señoras* *¿Quiénes son esas?*
遠い Lejos (él / ella)（遠称）	**aquel** あれ、あの *Aquel señor* *¿Quién es aquel?*	**aquella** あれ、あの *Aquella señora* *¿Quién es aquella?*	**aquellos** あれら、あれらの *Aquellos señores* *¿Quiénes son aquellos?*	**aquellas** あれら、あれらの *Aquellas señoras* *¿Quiénes son aquellas?*

7. 所有詞 Los posesivos

7.1 所有形容詞 Los adjetivos posesivos

所有形容詞は常に名詞の前に置く。Los adjetivos posesivos son los que van siempre delante del nombre.

注意! 冠詞と一緒には用いない ¡**Atención!** siempre sin artículo: *Tu casa es preciosa.* 君の家は素晴らしい。

	所有者 UN POSEEDOR	男性と女性 MASCULINO Y FEMENINO	複数の所有者 VARIOS POSEEDORES	男性形 MASCULINO	女性形 FEMENINO
所有されているものが単数 UNA COSA POSEÍDA	一人称 1ª Persona **Yo** 私	私の **mi** *Es mi gato* *Es mi gata* 私の猫（オス、メス）だ	一人称 1ª Persona *Nosotros/Nosotras* 私たち	**nuestro** *Es nuestro gato* 私たちの猫（オス）だ	**nuestra** *Es nuestra gata* 私たちの猫（メス）だ
	二人称 2ª Persona **Tú** 君	君の **tu** *Es tu gato* *Es tu gata* 君の猫（オス、メス）だ	二人称 2ª Persona *Vosotros/Vosotras* 君たち	**vuestro** *Es vuestro gato* 君たちの猫（オス）だ	**vuestra** *Es vuestra gata* 君たちの猫（メス）だ
	三人称 3ª Persona *Él/Ella/Usted* 彼 / 彼女 / あなた	彼 / 彼女 / あなたの **su** *Es su gato* *Es su gata* 彼 / 彼女 / あなたの猫（オス、メス）だ	三人称 3ª Persona *Ellos/Ellas/Ustedes* 彼ら / 彼女ら / あなたたち	**su** *Es su gato* 彼ら / 彼女ら / あなたたちの猫（オス）だ	**su** *Es su gata* 彼ら / 彼女ら / あなたたちの猫（メス）だ
所持されているものが複数 VARIAS COSAS POSEÍDAS	一人称 1ª Persona **Yo** 私	私の **mis** *Son mis gatos* *Son mis gatas* 私の猫（オス、メス）（複数）だ	一人称 1ª Persona *Nosotros/Nosotras* 私たち	**nuestros** *Son nuestros gatos* 私たちの猫（複数）だ	**nuestras** *Son nuestras gatas* 私たちの猫（メス）（複数）だ
	二人称 2ª Persona **Tú** 君	君の **tus** *Son tus gatos* *Son tus gatas* 君の猫（オス、メス）（複数）だ	二人称 2ª Persona *Vosotros/Vosotras* 君たち	**vuestros** *Son vuestros gatos* 君たちの猫（複数）だ	**vuestras** *Son vuestras gatas* 君たちの猫（メス）（複数）だ
	三人称 3ª Persona *Él/Ella/Usted* 彼 / 彼女 / あなた	彼 / 彼女 / あなたの **sus** *Son sus gatos* *Son sus gatas* 彼 / 彼女 / あなたの猫（オス、メス）（複数）だ	三人称 3ª Persona *Ellos / Ellas / Ustedes* 彼ら / 彼女ら / あなたたち	**sus** *Son sus gatos* 彼ら / 彼女ら / あなた たちの猫（複数）だ	**sus** *Son sus gatas* 彼ら / 彼女ら / あなた たちの猫（メス）（複数）だ

7.2 所有代名詞 Los pronombres posesivos

所有代名詞は名詞の前以外の場所に現れる。Los pronombres posesivos son los que van en las demás posiciones.

	所有者 UN POSEEDOR	男性形 MASCULINO	女性形 FEMENINO	様々な所有者 VARIOS POSEEDORES	男性形 MASCULINO	女性形 FEMENINO
所有されているものが単数 UNA COSA POSEÍDA	一人称 1ª Persona **Yo** 私	**mío** *El gato es mío* 猫 (オス) は私のだ	**mía** *La gata es mía* 猫 (メス) は私のだ	一人称 1ª Persona *Nosotros/Nosotras* 私たち	**nuestro** *El gato es nuestro* 猫 (オス) は私たちのだ	**nuestra** *La gata es nuestra* 猫 (メス) は私たちのだ
	二人称 2ª Persona **Tú** 君	**tuyo** *El gato es tuyo* 猫 (オス) は君のだ	**tuya** *La gata es tuya* 猫 (メス) は君のだ	二人称 2ª Persona *Vosotros/Vosotras* 君たち	**vuestro** *El gato es vuestro* 猫 (オス) は君たちのだ	**vuestra** *La gata es vuestra* 猫 (メス) は君たちのだ
	三人称 3ª Persona *Él/Ella/Usted* 彼 / 彼女 / あなた	**suyo** *El gato es suyo* 猫 (オス) は彼 / 彼女 / あなたのだ	**suya** *La gata es suya* 猫 (メス) は彼 / 彼女 / あなたのだ	三人称 3ª Persona *Ellos/Ellas/Ustedes* 彼ら / 彼女ら / あなたたち	**suyo** *El gato es suyo* 猫 (オス) は彼ら / 彼女ら / あなたたちのだ	**suya** *La gata es suya* 猫 (メス) は彼ら／ 彼女ら／あなたたちのだ
所持されているものが複数 VARIAS COSAS POSEÍDAS	一人称 1ª Persona **Yo** 私	**míos** *Los gatos son míos* 猫 (複数) は私のだ	**mías** *Las gatas son mías* 猫 (メス) (複数) は 私のだ	一人称 1ª Persona *Nosotros/Nosotras* 私たち	**nuestros** *Los gatos son nuestros* 猫 (複数) は私たちのだ	**nuestras** *Las gatas son nuestras* 猫 (メス) (複数) は 私たちのだ
	二人称 2ª Persona **Tú** 君	**tuyos** *Los gatos son tuyos* 猫 (複数) は君のだ	**tuyas** *Las gatas son tuyas* 猫 (メス) (複数) は 君のだ	二人称 2ª Persona *Vosotros/Vosotras* 君たち	**vuestros** *Los gatos son vuestros* 猫 (複数) は君たちのだ	**vuestras** *Las gatas son vuestras* 猫 (メス) (複数) は 君たちのだ
	三人称 3ª Persona *Él/Ella/Usted* 彼 / 彼女 / あなた	**suyos** *Los gatos son suyos* 猫 (複数) は彼 / 彼女 / あなたのだ	**suyas** *Las gatas son suyas* 猫 (メス) (複数) は 彼 / 彼女 / あなたのだ	三人称 3ª Persona *Ellos/Ellas/Ustedes* 彼ら / 彼女ら / あなたたち	**suyos** *Los gatos son suyos* 猫 (複数) は彼ら / 彼女ら / あなたたちのだ	**suyas** *Las gatas son suyas* 猫 (メス) (複数) は彼ら / 彼女ら／あなたたちのだ

1. 所有詞が単独の時 Cuando el posesivo va solo: – *¿De quién es esta cartera?* – **Mía**. 誰の財布ですか？－私のです。
2. 動詞の後ろの時 Detrás de un verbo: *Esos libros son **míos***. それらの本は私のです。
3. 名詞の後ろの時 Detrás de un nombre: *Un **hermano** suyo es muy **amigo** mío*. 彼の兄は私の友達です。
4. 冠詞の後ろの時 Detrás del artículo: – *¿Cuál te gusta más, tu casa o **la mía**?* – **La tuya**. 君の家と私の (家) とどちらが好き？ －君の (家) です。

8. 数詞 Los números

基数 CARDINALES				序数 ORDINALES	
1	*uno/a*	31	*treinta y uno/a*	1°	*primero/a - primer* 1番目の
2	*dos*	32	*treinta y dos*	2°	*segundo/a* 2番目の
3	*tres*	33	*treinta y tres*	3°	*tercero/a - tercer* 3番目の
4	*cuatro*	34	*treinta y cuatro*	4°	*cuarto/a* 4番目の
5	*cinco*	35	*treinta y cinco*	5°	*quinto/a* 5番目の
6	*seis*	36	*treinta y seis*	6°	*sexto/a* 6番目の
7	*siete*	37	*treinta y siete*	7°	*séptimo/a* 7番目の
8	*ocho*	38	*treinta y ocho*	8°	*octavo/a* 8番目の
9	*nueve*	39	*treinta y nueve*	9°	*noveno/a* 9番目の
10	*diez*	40	*cuarenta*	10°	*décimo/a* 10番目の
11	*once*	50	*cincuenta*		...
12	*doce*	60	*sesenta*		
13	*trece*	70	*setenta*		
14	*catorce*	80	*ochenta*		
15	*quince*	90	*noventa*		
16	*dieciséis*	100	*cien - ciento*		
17	*diecisiete*	200	*doscientos/as*		
18	*dieciocho*	300	*trescientos/as*		
19	*diecinueve*	400	*cuatrocientos/as*		
20	*veinte*	500	*quinientos/as*		
21	*veintiuno/a*	600	*seiscientos/as*		
22	*veintidós*	700	*setecientos/as*		
23	*veintitrés*	800	*ochocientos/as*		
24	*veinticuatro*	900	*novecientos/as*		
25	*veinticinco*	1000	*mil*		
26	*veintiséis*	1000000	*un millón*		
27	*veintisiete*				
28	*veintiocho*				
29	*veintinueve*				
30	*treinta*				

9. 疑問詞 Los interrogativos

質問内容 Pregunta por:	疑問詞 INTERROGATIVO	例 文 Ejemplo
物事や行動について聞く時または異なる物や 行動の中からどれかを選択しなければならない時 Cosas o acciones, y cuando hay que elegir entre cosas o acciones distintas	**qué** 何	*¿Qué haces?* 君は何をしますか? *¿Qué es eso?* それは何ですか? *¿Qué quieres?* 君は何が欲しいですか? *¿Qué libro buscas?* 君は何の本を探していますか? *¿Qué te gusta más, el café o el té?* 君はコーヒーと紅茶どちらがより好きですか?
場所 Lugar	**dónde** どこ	*¿Dónde vives?* 君はどこに住んでいますか?
時間 Tiempo	**cuándo** いつ	*¿Cuándo empiezan las clases?* 授業はいつ始まりますか?
数量 Cantidad	**cuánto** **cuánto / cuánta** **cuántos / cuántas** いくつ・どれだけ	*¿Cuánto cuesta este jersey?* このセーターはいくらですか? *¿Cuánto dinero necesitas?* 君はいくらお金が必要ですか? *¿Cuánta fruta compro?* 私は果物をどれくらい買えばいいですか? *¿Cuántos días trabajas a la semana?* 君は1週間に何日働きますか? *¿Cuántas semanas hay en un mes?* 1ヶ月は何週間ありますか?
方法 Modo	**cómo** どのように	*¿Cómo se dice botella en ruso?* 瓶はロシア語で何と言いますか? *¿Cómo vas a trabajar?* 君はどのように働くつもりですか?
人 Personas	**quién / quiénes** 誰	*¿Quién tiene un libro de español?* 誰がスペイン語の本を持っていますか? *¿Quiénes son tus amigos?* 誰が君の友達ですか?
一般的に物事について聞く時または同じ種類に属する いくつかの物の中から1つ選択しなければならない時。 名詞を後ろにもってくることは出来ない (名詞の前にくるのは "qué") Cosas (normalmente), cuando hay que elegir una cosa entre varias de la misma especie. No puede ir seguido de un nombre (seguido de un nombre, siempre **qué**)	**cuál / cuáles** どれ	A.– *Me gusta ese vestido* 私はその服が好きです。 B.– *¿Cuál?* どれ? *¿Qué vestido?* どの服ですか? *¿Cuál vestido?* A.– *Me gustan esas zapatillas* 私はその運動靴が好きです。 B.– *¿Cuáles?* どれ? *¿Qué zapatillas?* どの運動靴ですか? *¿Cuáles zapatillas?*

10. 不定形容詞、不定代名詞 Los indefinidos

形容詞 ADJETIVOS	代名詞 PRONOMBRES
	ある人、ある1つ uno / una / unos / unas *¿Quieres uno?* 君は1つ欲しいですか? *Unas son verdes y otras rojas.* いくつかは緑で他のいくつかは赤です。
ある、何らかの algún / alguna/ algunos / algunas *¿Necesitas algún libro?* 君は何らかの本が必要ですか?	**誰か、何人か; いくつか alguno / alguna / algunos / algunas** *¿Necesitas alguno?* 君はいくつか必要ですか?
1つの…も〔…ない〕、どんな…も〔…ない〕 ningún / ninguna *No hay ningún chico en la fiesta.* パーティーには子供が1人もいません。	**誰; 何も〔…ない〕 ninguno / ninguna** *¿Hay algún chico? No, ninguno.* 誰か子供はいますか? いいえ、誰もいません。
ほかの、別の、さらに1つ（いくつか）の、もう1人（1つ） otro / otra / otros / otras *Necesito otro bolígrafo.* 私は別のボールペンを必要としています。 *¿Quieres otro?* もう1ついかが?	
様々な、色々な、いくつかの varios / varias *Vimos varios pisos.* 私たちはいくつかのマンションを見ました。 *Vimos varios.* 私たちは色々見ました。	

形容詞 ADJETIVOS		代名詞 PRONOMBRES
副詞の**mucho**も存在する Existe también el adverbio *mucho*. *Jorge habla mucho.* 　ホルヘはとてもおしゃべりです。	**たくさんの mucho / mucha / muchos / muchas** *Yolanda tiene muchos primos.* ジョランダは従兄弟がたくさんいます。 *¿Tienes primas? Sí, muchas.* 君は従姉妹がいますか? はい、たくさんいます。	形容詞や副詞の前では muy を使う Delante de adjetivos o adverbios usamos *muy* (no *mucho*). *María es muy inteligente.* 　マリアはとても頭が良い。 *Andrés juega muy bien al fútbol.* 　アンドレスはサッカーがとても上手です。
副詞の**poco**も存在する Existe también el adverbio *poco*. *Jorge estudia poco.* 　ホルヘはほとんど勉強しません。 *不定冠詞がつく時は肯定的になる。 *Jorge estudia un poco.* 　ホルヘは少し勉強します。	**わずかな、少しの poco / poca / pocos / pocas** *Hay pocas personas.* ほとんど人がいません。 *¿Cuántos hay? Hay pocos.* どれくらいありますか? ほとんどありません。	
	かなりの、十分に bastante / bastantes *¿Tienes bastante dinero?* 君はお金を十分持っていますか? *Sí, tengo bastante.* はい、十分持っています。	副詞の**bastante**も存在する Existe también el adverbio *bastante*. *Jorge lee bastante.* 　ホルヘはかなり読書をします。
副詞の**demasiado**も存在する Existe también el adverbio *demasiado*. *Jorge trabaja demasiado.* ホルヘは働き過ぎだ。	**あまりに多くの、過度の demasiado / demasiada / demasiados / demasiadas** *Había demasiado ruido.* かなりうるさかったです。 *Compraron demasiadas.* 彼らは買い過ぎた。	

形容詞 ADJETIVOS	代名詞 PRONOMBRES
すべての todo / toda / todos / todas 後ろに定冠詞付きの名詞を伴って、 人や物について次のような意味で用いられる Normalmente aparece seguido de artículo y nombre para hablar del total de personas o de cosas. *Duerme la siesta todas las tardes.* 彼は毎日午後昼寝をします。 *Hoy ha dormido la siesta toda la tarde.* 今日、彼は午後ずっと昼寝をしていました。 *Lee todos los libros que le regalan.* 彼はプレゼントされる本は全て読みます。 Todoは中性のloと一緒に使われることが多い。この場合、意味は"todas las cosas que"（que 以下全ての物）という意味である **Todo** se usa bastante con el neutro **lo**. En estos casos, el significado es 'todas las cosas que'. *Come todo lo que quieras.* 食べたいだけ食べなさい。	**すべての物、事〔複〕すべての人 todo / toda / todos / todas** *Todas compraron algo.* 彼女たちは全員が何かを買いました。
	何も〔…ない〕 nada *No hay nada en la nevera.* 冷蔵庫の中には何もありません。
	誰も〔…ない〕 nadie *En esa casa no vive nadie.* その家にはだれも住んでいません。
	誰か alguien *¿Alguien me puede ayudar?* 誰か手伝ってくれませんか?
どんな〔…でも〕 cualquier *Puede asistir al curso cualquier persona.* 誰でも講座に参加できます。 **普通の、ありふれた cualquiera** *Era un día cualquiera.* それはありふれた1日でした。	**どれでも、誰でも cualquiera** *Eso lo sabe cualquiera.* それは誰もが知っていることです。

11. 人称代名詞　Los pronombres personales

11.1 主格人称代名詞 Pronombres personales sujeto

人称 PERSONA		主格 FORMAS SUJETO	
単数 SINGULAR	1ª	yo	
	2ª	**Informal** インフォーマル	tú
		Formal フォーマル	usted
	3ª	él / ella	
複数 SINGULAR	1ª	nosotros / nosotras	
	2ª	**Informal** インフォーマル	vosotros / vosotras
		Formal フォーマル	ustedes
	3ª	ellos / ellas	

a) 動詞の形態から主語がわかるので、主格人称代名詞はよく省略される Como generalmente el verbo nos informa sobre la persona, es frecuente omitir los pronombres personales sujeto:

Fuimos al cine.	*Soy Pepe.*	*Eres estupenda.*	*Siempre llegáis tarde.*
私達は映画館に行った。	私はペペです。	君は素晴らしい。	君たちはいつも遅れて来る。

しかしながら、混同される可能性がある場合や主語を取り立てて強調したい場合は、主格人称代名詞を明示する Sin embargo, sí aparecen cuando puede haber confusiones, o cuando se quiere destacar una persona con respecto a otras:

Ella es muy lista, pero él, no. 彼女はとても賢いが、彼はそうではない。

Yo haré la compra. 私が買い物をします。（強調文）

b) Usted と Ustedes は二人称代名詞であるが、動詞は三人称で活用する Usted y Ustedes son pronombres de segunda persona, pero se conjugan con la tercera persona de los verbos:

Usted tiene razón. あなたの言う通りである。

Pasen ustedes, por favor. （あなた方）どうぞお入りください。

二人称代名詞として vosotros / vosotras を使うスペイン語話者にとって、ustedes はフォーマルな代名詞である。しかし vosotros / vosotras を使わないスペイン語話者（主に中南米人）は ustedes をフォーマルな場面でも、インフォーマルな場面でも同じように使う Para los hablantes del español que usan *vosotros / vosotras* como pronombre de segunda persona plural, *ustedes* es un pronombre formal. Para los que no usan *vosotros / vosotras* como pronombre de segunda persona plural, *ustedes* es adecuado tanto para usos formales como informales.

c) イスパノアメリカのいくつかの国では、tú の代わりに vos という人称代名詞を用いて、特別な動詞の活用形を使う En algunos países de América, en lugar de *tú* se utiliza *vos* y una forma verbal especial:

Tú eres → Vos sos. 君は～です

Tú tienes → Vos tenés. 君は～を持っています。

11.2 目的格人称代名詞 Pronombres personales complemento

人称 PERSONA	目的格 FORMAS COMPLEMENTO			
	直接目的 COMPLEMENTO DIRECTO	間接目的 COMPLEMENTO INDIRECTO	再帰 REFLEXIVOS	前置詞と使われる形 CON PREPOSICIONES (A, CON*, DE, PARA, POR…)
単数 SINGULAR 1ª	me			mí / conmigo*
2ª	te			ti / contigo*
3ª	lo (le) / la	le	se	usted
				él / ella
複数 PLURAL 1ª	nos			nosotros / nosotras
2ª	os			vosotros / vosotras
3ª	los (les) / las	les	se	ustedes
				ellos / ellas

a) 直接目的格人称代名詞は人か物に関して言及する時に使われる。たいていは、名詞の代わりに使う。Los pronombres de complemento directo se refieren a personas o cosas. Normalmente, se ponen en lugar del nombre.

- ¿Has visto a José? 君はホセを見た?　　- ¿Has visto las llaves de casa? 家の鍵を見た?
> No, no lo he visto. ううん、見てない。　　> No, no las he visto. ううん、見てない。

b) 目的格人称代名詞は一般的に動詞の前に置く。しかし、次のような場合には後ろに直結する。(実際は、動詞句や現在進行形の場合は動詞の後ろに直結することを勧める。肯定命令は動詞に直結する。Los pronombres personales complemento generalmente van delante del verbo, pero en algunos casos pueden también ir detrás (en realidad, esto último es más recomendable):

- 不定詞 Con infinitivos: *Voy a escuchar el CD → Lo voy a escuchar / Voy a escucharlo* ~~Voy a lo escuchar.~~
  私はそのCDをこれから聴きます。→ 私はそれをこれから聴きます。
- 現在分詞 Con gerundios: *Está escuchando el CD → Lo está escuchando / Está escuchándolo* ~~Está lo escuchando.~~
  彼はそのCDを聴いています。→ 彼はそれを聴いています。
- 肯定命令の場合、代名詞は常に後ろに直結 Con los imperativos, el pronombre va siempre detrás:
  Escucha el CD → Escúchalo Lee la novela → Léela そのCDを聴きなさい。→それを聴きなさい。その小説を読みなさい。→それを読みなさい。

c) カスティリャ地方(スペイン中央に位置するスペイン語発祥の地域)のスペイン語では、男性単数の人を表す代名詞として通常の lo の代わりに le がよく使われる。(他の地域では lo が使われる En el español de Castilla (la región central de España donde nació el español) es frecuente el uso de *le* (y no *lo*, que es lo normal en otras zonas) como pronombre de complemento directo masculino y singular referido a una persona:

A mi tío hace mucho que no le veo. 私は私の叔父に長い間会っていない。

d) 間接目的格人称代名詞は通常人間に言及するときに用いられる。gustar, doler, encantar などの動詞は間接目的格人称代名詞と共に使われる。Los pronombres de complemento indirecto se refieren normalmente a personas. Los usamos siempre con los verbos *gustar, doler, encantar*, etc.

A Lola le encanta el teatro. ローラは演劇が大好きです。

e) 再帰代名詞は一般的に動詞の前に置かれるが、動詞句や現在進行形で再帰動詞が使われる構文では、不定詞や現在分詞の前にも後ろにも置く事ができる。Los pronombres personales reflexivos van generalmente delante del verbo pero en construcciones verbales con infinitivo o con gerundio pueden ir delante o detrás.

Tengo que levantarme temprano.　　*Me tengo que levantar temprano.* 私は早く起きなければならない。
Estoy peinándome.　　*Me estoy peinando.* 私は髪を櫛でとかしているところです。

f) 前置詞の con を mí と ti と組み合わせる時は conmigo, contigo という特別な形になる。Cuando la preposición *con* se combina con *mí* y *ti* da lugar a las formas especiales: *conmigo, contigo*.

~~Ven con mí al partido.~~　　*Ven conmigo al partido.* 私と一緒に試合につきあって。
~~¿Quieres casarte con mí?~~　　*¿Quieres casarte conmigo?* 私と結婚してくれる?

g) 前置詞の entre, según, hasta (incluso「～さえも」の意味) は mí と ti の代わりに yo と tú の人称代名詞が使われる。Las preposiciones *entre, según* y *hasta* (cuando significa "incluso") se combinan con las formas del pronombre personal *yo* y *tú*.

Entre tú y yo no hay secretos. 君と私の間には秘密はない。
Era muy fácil, hasta yo aprobé el examen. 試験はとても簡単だった。私でさえ合格したのよ。
Según tú, ¿quién va a ganar? 君は誰が勝つと思う?

12. 前置詞 Las preposiciones

以下は頻繁に使用される前置詞とその用法である。Estas son las principales preposiciones del español con sus valores más frecuentes:

A	目的地[〜へ] Destino	*Voy a Madrid.* 私はマドリードへ行きます。
	直接目的語[〜(人)を] Complemento directo de persona	*Vimos a José.* 私たちはホセを見ました。 *A ella no la conozco.* 私は彼女を知りません。
	間接目的語[〜に] Complemento indirecto	*Le di los libros a tu padre.* 私は君の父親に本を渡しました。
CON	手段 Instrumento	*Come la sopa con la cuchara.* スプーンでスープを食べなさい。
	同伴[〜と一緒に] Compañía	*Fuimos al partido con mi hermano.* 私たちは兄弟と試合に行きました。
DE	出所[〜から] Procedencia	*Es de Salamanca.* サラマンカ出身/サラマンカ産です。 *Viene de La Habana.* ハバナから来ました。
	所有[〜の] Posesión	*Este móvil es de Manolo.* この携帯はマノロのです。
	素材 Materia	*Mi camisa es de seda.* 私のシャツは絹製です。
DESDE	起点[〜から] Origen	*Nos llamaron desde Barcelona.* バルセロナから電話がありました。 *Estudiamos desde las ocho de la mañana.* 私たちは朝8時から勉強します。
EN	場所[〜に、で] Localización	*Tu bufanda está en el armario.* 君のマフラーはクローゼットにあります。 *Deja el vaso en la mesa.* テーブルの上にコップを置いておいて。 *Voy a colgar el reloj en la pared del salón.* 私はリビングの壁に時計をかけます。 *En Filipinas se habla español.* フィリピンではスペイン語が話されます。 *El hombre llegó a la Luna en 1969.* 1969年に人類が月に到着しました。 *Nos conocimos en abril.* 私たちは4月に知り合いました。
ENTRE	位置[〜の間] Localización (en medio de)	*Zamora está entre Salamanca y León.* サモラはサラマンカとレオンの間に位置します。
HACIA	方向 Dirección	*Voy hacia la Plaza Mayor.* 私はマジョール広場の方に行きます。
HASTA	終点[〜まで] Límite	*Llegamos hasta Córdoba.* 私たちはコルドバまで来ました。 *Estudiamos desde las ocho de la mañana hasta las tres de la tarde.* 私たちは午前8時から午後の3時まで勉強します。
PARA	受取人 Destinatario 目的[〜の為に] Finalidad	*Hay un mensaje para ti.* 君にメッセージがあるよ。 *El año pasado fui a España para mejorar mi nivel de español.* 去年私はスペイン語を磨く為にスペインへ行きました。
POR	理由、原因 Causa	*Gracias por el regalo.* プレゼントをありがとう。
	場所[〜を] Lugar	*Fueron a Valencia por la autopista.* 彼らは高速道路を通ってバレンシアに行きました。
SIN	欠如[〜なしに] Carencia	*Tomamos cerveza sin alcohol.* (私たちは)ノンアルコールビールを飲みます。
SOBRE	主題[〜について] Tema del que se trata	*Hablaremos sobre economía.* (私たちは)経済について話します。

13. 動詞serと動詞estar Los verbos *ser* y *estar*

13.1 動詞 ser **El verbo ser**

SER ～である、：性質を表す	
非人称形 FORMAS NO PERSONALES	
単純形 FORMAS SIMPLES	複合形 FORMAS COMPUESTAS

	単純形 FORMAS SIMPLES	複合形 FORMAS COMPUESTAS
不定詞 **INFINITIVO**	ser	haber sido
現在分詞 **GERUNDIO**	siendo	habiendo sido
過去分詞 **PARTICIPIO**	sido	

人称変化 FORMAS PERSONALES		
	単純時制 FORMAS SIMPLES	複合時制 FORMAS COMPUESTAS
直説法 **INDICATIVO**	現在 **PRESENTE** soy eres es somos sois son	現在完了 **PRETÉRITO PERFECTO** he sido has sido ha sido hemos sido habéis sido han sido
	線過去 **PRETÉRITO IMPERFECTO** era eras era éramos erais eran	過去完了 **PRETÉRITO PLUSCUAMPERFECTO** había sido habías sido había sido habíamos sido habíais sido habían sido
	点過去 **PRETÉRITO INDEFINIDO** fui fuiste fue fuimos fuisteis fueron	
	未来 **FUTURO** seré serás será seremos seréis serán	未来完了 **FUTURO PERFECTO** habré sido habrás sido habrá sido habremos sido habréis sido habrán sido
	過去未来 **CONDICIONAL SIMPLE** sería serías sería seríamos seríais serían	過去未来完了 **CONDICIONAL COMPUESTO** habría sido habrías sido habría sido habríamos sido habríais sido habrían sido

	現在 PRESENTE	現在完了 PRETÉRITO PERFECTO
接続法 **SUBJUNTIVO**	sea seas sea seamos seáis sean	haya sido hayas sido haya sido hayamos sido hayáis sido hayan sido
	過去 PRETÉRITO IMPERFECTO	過去完了 PRETÉRITO PLUSCUAMPERFECTO
	fuera / fuese fueras / fueses fuera / fuese fuéramos / fuésemos fuerais / fueseis fueran / fuesen	hubiera / hubiese sido hubieras / hubieses sido hubiera / hubiese sido hubiéramos / hubiésemos sido hubierais / hubieseis sido hubieran / hubiesen sido
命令 **IMPERATIVO**	(Tú) → sé / no seas (Usted) → sea / no sea (Vosotros/as) → sed / no seáis (Ustedes) → sean / no sean	

Serの用法 -Se usa ser:

1. 人と物を特定する時 En la identificación de personas y de cosas:
> *Soy Alberto.* 私はアルベルトです。
> *¿Qué es eso?* それは何ですか?

2. 所有物について話す時 Para hablar de la posesión y de las propiedades:
> *¿De quién es esta mochila?* このリュックは誰のですか?
> *El coche es de Andrea.* 車はアンドレアのです。

3. 職業について話す時 Para hablar de la profesión:
> *¿Qué es usted?* あなたの職業は何ですか?
> *Soy profesora.* 私は教師です。

4. 人の出身や物の出自を話す時 Para hablar de la procedencia u origen de las personas y de las cosas:
> *¿De dónde es?* あなたの出身はどこですか?
> *Soy checo.* 私はチェコ人です。

5. 日時について話す時 Para hablar de la fecha y de la hora:
> *Hoy es 20 de abril.* 今日は4月20日です。
> *Mañana es viernes.* 明日は金曜日です。
> *¿Qué hora es?* 今何時ですか?
> *Son las dos y media.* 2時半です。

6. 値段や料金を聞く時や伝える時 Para preguntar con intención de pagar y para decir el precio al pagar:
> *¿Cuánto es?* いくらですか?
> *Son tres euros.* 3ユーロです。

7. 物の品質や人の特徴を聞く時 Para preguntar por la calidad de las cosas o de las personas:
> *¿Qué tal es ese restaurante?* そのレストランはどうですか?
> *¿Cómo es el profesor?* 先生はどんな人ですか?

8. 受取手について話す時 Para hablar del destinatario de algo:
> *¿Para quién es el libro?* この本は誰に?
> *Esa carta es para mí.* その手紙は私宛です。

9. 素材や材質について聞いたり答えたりする時 Para preguntar o indicar de qué está hecho algo:
> *¿De qué es eso?* その素材は何ですか?
> *La camisa es de algodón.* このシャツは綿製です。

10. いつどこでイベントがあるか話す時 Para decir cuándo y dónde tienen lugar los eventos:
> *¿Cuándo es la cena?* 夕食はいつですか?
> *La fiesta es en la playa.* パーティーはビーチでやります。

11. 人や物を描写したり説明したり、尋ねたりする時 Para pedir o dar descripciones de personas o de cosas:
> *¿Cómo es la niña?* その女の子はどんな子ですか?
> *Es rubia.* 彼女は金髪です。
> *Mi ciudad es grande.* 私の街は大きいです。

13.2 動詞 estar **El verbo estar**

ESTAR ～である：状態を表す	
不規則形 FORMAS IRREGULARES	

直説法 **INDICATIVO**	現在 **PRESENTE** estoy estás está estamos estáis están	点過去 **PRETÉRITO INDEFINIDO** estuve estuviste estuvo estuvimos estuvisteis estuvieron
接続法 **SUBJUNTIVO**	現在 **PRESENTE** esté estés esté estemos estéis estén	過去 **PRETÉRITO IMPERFECTO** estuviera / estuviese estuvieras / estuvieses estuviera / estuviese estuviéramos / estuviésemos estuvierais / estuvieseis estuvieran / estuviesen
命令 **IMPERATIVO**	(Tú) → está / no estés (Usted) → esté / no esté (Vosotros/as) → estad / no estéis (Ustedes) → estén / no estén	

Estarの用法-Se usa **estar**:

1. 人がいる場所や物のある場所を示す時 Para localizar las personas o las cosas:
   La jueza está en su despacho. 裁判官は執務室にいます。
   Los papeles están en el cajón de la mesa.
   書類は机の引き出しにあります。

2. 特定の人がそこにいるかどうか聞いたり答えたりする時 Para preguntar y responder si está en un lugar la persona que se busca:
   ¿Está tu madre? あなたのお母さんはいますか?
   No, no está. いいえ、いません。

3. 今やっていることについて話す時 (現在進行形:**estar + -ndo**) Para hablar de lo que se está haciendo (construcción con gerundio: **estar + -ndo**):
   ¿Qué estás comiendo? 君は何を食べているの?
   Estoy comiendo cocido madrileño.
   コシードマドリレーニョを食べているよ。(スペインの煮込み料理)

4. 日付について話す時 Para hablar de la fecha (día del mes):
   ¿A cuántos estamos? 今日は何日ですか?
   Estamos a quince. 15日です。

5. 値段について話す時 Para hablar del precio de las cosas:
   ¿A cuánto están las fresas? いちごはいくらですか?
   Las naranjas están a 1,05 euros. オレンジは1.05ユーロです。

6. 既婚、未婚などについて話す時 Para hablar del estado civil:
   ¿Está usted casada? 結婚していますか?
   Estoy soltero. 私は独身です。

7. 席が空いているか聞く時 Para preguntar si un asiento está libre:
   ¿Está ocupado? この席は空いていますか?

8. 健康状態について尋ねる時 Para interesarse por la salud o el estado de los demás:
   ¿Cómo están tus abuelos?
   君のおじいちゃんおばあちゃんの具合はどう?
   Están mejor. よくなっています。

9. 距離について表現する時 Para expresar la distancia:
   ¿A cuánto está Cuenca? クエンカまでのどのくらいですか?
   Salamanca está a unos doscientos kilómetros de Madrid. マドリードからサラマンカまで約200キロです。

10. 一緒にいる人について話す時 Para hablar de la compañía:
    Está con Emilio. その人はエミリオと一緒にいます。

11. 試した物について意見や評価を述べる時 Para expresar una opinión o valoración de algo que se acaba de probar:
    ¿Qué tal está el gazpacho? このガスパーチョどう?
    El agua está caliente. お湯が沸いた。

12. 心身の状態について話す時 Para hablar del estado físico o psíquico de las personas:
    Carla está preocupada. カルラは心配している。
    Estoy muy cansado. 私はとても疲れている。

13. 次の2つの文の違いに注意しましょう。(SER / ESTAR + 形容詞の違い) Distingue bien entre las frases:
    *Isabel **es** muy guapa.* イサベルは美人だ。
    *Isabel **está** muy guapa.*
    イサベルはきれいだ。(現在の服装など含め、普段よりお洒落をしている時)

上の文はイサベルを説明し、(例えば彼女を知らない人にどのような人かを知らせる為)イサベルの特徴の一つである"美しさ"について述べている。下の文は話し手がすでにイサベルを知っている人と話していて、イサベルの現在の状態についての印象を話している。Con la primera se intenta **describir** a Isabel (por ejemplo, para informar a alguien que no la conoce de cómo es), y se recurre a una de sus características: la belleza. Con la segunda, el hablante comunica a otra persona que ya conoce a Isabel **cómo la encuentra**, qué impresión le ha producido.

14. 規則動詞 Verbos regulares

<table>
<tr><th colspan="3">第 1 活用 : ESTUDIAR 勉強する PRIMERA CONJUGACIÓN: ESTUDIAR
(amar 愛する, cantar 歌う, hablar 話す, viajar 旅行する...)</th></tr>
<tr><th></th><th colspan="2">非人称形 FORMAS NO PERSONALES</th></tr>
<tr><th></th><th>単純形 FORMAS SIMPLES</th><th>複合形 FORMAS COMPUESTAS</th></tr>
<tr><td>不定詞
INFINITIVO</td><td>estudiar</td><td>haber estudiado</td></tr>
<tr><td>現在分詞
GERUNDIO</td><td>estudiando</td><td>habiendo estudiado</td></tr>
<tr><td>過去分詞
PARTICIPIO</td><td>estudiado</td><td></td></tr>
</table>

<table>
<tr><th></th><th colspan="2">人称変化 FORMAS PERSONALES</th></tr>
<tr><th></th><th>単純時制 FORMAS SIMPLES</th><th>複合時制 FORMAS COMPUESTAS</th></tr>
<tr><td rowspan="5">直説法
INDICATIVO</td>
<td>現在 PRESENTE
estudio
estudias
estudia
estudiamos
estudiáis
estudian</td>
<td>現在完了 PRETÉRITO PERFECTO
he estudiado
has estudiado
ha estudiado
hemos estudiado
habéis estudiado
han estudiado</td></tr>
<tr>
<td>線過去 PRETÉRITO IMPERFECTO
estudiaba
estudiabas
estudiaba
estudiábamos
estudiabais
estudiaban</td>
<td>過去完了 PRETÉRITO PLUSCUAMPERFECTO
había estudiado
habías estudiado
había estudiado
habíamos estudiado
habíais estudiado
habían estudiado</td></tr>
<tr>
<td>点過去 PRETÉRITO INDEFINIDO
estudié
estudiaste
estudió
estudiamos
estudiasteis
estudiaron</td>
<td></td></tr>
<tr>
<td>未来 FUTURO
estudiaré
estudiarás
estudiará
estudiaremos
estudiaréis
estudiarán</td>
<td>未来完了 FUTURO PERFECTO
habré estudiado
habrás estudiado
habrá estudiado
habremos estudiado
habréis estudiado
habrán estudiado</td></tr>
<tr>
<td>過去未来 CONDICIONAL SIMPLE
estudiaría
estudiarías
estudiaría
estudiaríamos
estudiaríais
estudiarían</td>
<td>過去未来完了 CONDICIONAL COMPUESTO
habría estudiado
habrías estudiado
habría estudiado
habríamos estudiado
habríais estudiado
habrían estudiado</td></tr>
</table>

第 1 活用 : ESTUDIAR 勉強する PRIMERA CONJUGACIÓN: ESTUDIAR (*amar* 愛する, *cantar* 歌う, *hablar* 話す, *viajar* 旅行する ...)	
人称変化 FORMAS PERSONALES	
単純時制 FORMAS SIMPLES	複合時制 FORMAS COMPUESTAS

接続法 SUBJUNTIVO

単純時制 FORMAS SIMPLES	複合時制 FORMAS COMPUESTAS
現在 **PRESENTE** estudie estudies estudie estudiemos estudiéis estudien	現在完了 **PRETÉRITO PERFECTO** haya estudiado hayas estudiado haya estudiado hayamos estudiado hayáis estudiado hayan estudiado
過去 **PRETÉRITO IMPERFECTO** estudiara / estudiase estudiaras / estudiases estudiara / estudiase estudiáramos / estudiásemos estudiarais / estudiaseis estudiaran / estudiasen	過去完了 **PRETÉRITO PLUSCUAMPERFECTO** hubiera / hubiese estudiado hubieras / hubieses estudiado hubiera / hubiese estudiado hubiéramos / hubiésemos estudiado hubierais / hubieseis estudiado hubieran / hubiesen estudiado

命令 IMPERATIVO

(Tú) → estudia / no estudies
(Usted) → estudie / no estudie
(Vosotros/as) → estudiad / no estudiéis
(Ustedes) → estudien / no estudien

第2活用: COMER 食べる SEGUNDA CONJUGACIÓN: COMER (*beber* 飲む, *correr* 走る, *temer* 恐れる...)	
非人称形 FORMAS NO PERSONALES	
単純形 FORMAS SIMPLES	複合形 FORMAS COMPUESTAS

	単純形 FORMAS SIMPLES	複合形 FORMAS COMPUESTAS
不定詞 INFINITIVO	comer	haber comido
現在分詞 GERUNDIO	comiendo	habiendo comido
過去分詞 PARTICIPIO	comido	

人称変化 FORMAS PERSONALES		
	単純時制 FORMAS SIMPLES	複合時制 FORMAS COMPUESTAS
直説法 INDICATIVO	現在 **PRESENTE** como comes come comemos coméis comen	現在完了 **PRETÉRITO PERFECTO** he comido has comido ha comido hemos comido habéis comido han comido
	線過去 **PRETÉRITO IMPERFECTO** comía comías comía comíamos comíais comían	過去完了 **PRETÉRITO PLUSCUAMPERFECTO** había comido habías comido había comido habíamos comido habíais comido habían comido
	点過去 **PRETÉRITO INDEFINIDO** comí comiste comió comimos comisteis comieron	
	未来 **FUTURO** comeré comerás comerá comeremos comeréis comerán	未来完了 **FUTURO PERFECTO** habré comido habrás comido habrá comido habremos comido habréis comido habrán comido
	過去未来 **CONDICIONAL SIMPLE** comería comerías comería comeríamos comeríais comerían	過去未来完了 **CONDICIONAL COMPUESTO** habría comido habrías comido habría comido habríamos comido habríais comido habrían comido

第2活用: COMER 食べる SEGUNDA CONJUGACIÓN: COMER (*beber* 飲む, *correr* 走る, *temer* 恐れる...)	
人称変化 FORMAS PERSONALES	
単純時制 FORMAS SIMPLES	複合時制 FORMAS COMPUESTAS

	単純時制 FORMAS SIMPLES	複合時制 FORMAS COMPUESTAS
接続法 SUBJUNTIVO	**現在 PRESENTE** com**a** com**as** com**a** com**amos** com**áis** com**an**	**現在完了 PRETÉRITO PERFECTO** haya comido hayas comido haya comido hayamos comido hayáis comido hayan comido
	過去 PRETÉRITO IMPERFECTO com**iera** / com**iese** com**ieras** / com**ieses** com**iera** / com**iese** com**iéramos** / com**iésemos** com**ierais** / com**ieseis** com**ieran** / com**iesen**	**過去完了 PRETÉRITO PLUSCUAMPERFECTO** hubiera / hubiese comido hubieras / hubieses comido hubiera / hubiese comido hubiéramos / hubiésemos comido hubierais / hubieseis comido hubieran / hubiesen comido
命令 IMPERATIVO	(Tú) → come / no comas (Usted) → coma / no coma (Vosotros/as) → comed / no comáis (Ustedes) → coman / no coman	

第3活用: VIVIR 住む TERCERA CONJUGACIÓN: VIVIR (*abrir* 開ける, *escribir* 書く, *partir* 割る、分割する...)	
非人称形 FORMAS NO PERSONALES	
単純形 FORMAS SIMPLES	複合形 FORMAS COMPUESTAS

| 不定詞 INFINITIVO
現在分詞 GERUNDIO
過去分詞 PARTICIPIO | vivir

viviendo

vivido | haber vivido

habiendo vivido |

人称変化 FORMAS PERSONALES

	複合時制 FORMAS SIMPLES	複合時制 FORMAS COMPUESTAS
直説法 INDICATIVO	**現在 PRESENTE** vivo vives vive vivimos vivís viven	**現在完了 PRETÉRITO PERFECTO** he vivido has vivido ha vivido hemos vivido habéis vivido han vivido
	線過去 PRETÉRITO IMPERFECTO vivía vivías vivía vivíamos vivíais vivían	**過去完了 PRETÉRITO PLUSCUAMPERFECTO** había vivido habías vivido había vivido habíamos vivido habíais vivido habían vivido
	点過去 PRETÉRITO INDEFINIDO viví viviste vivió vivimos vivisteis vivieron	
	未来 FUTURO viviré vivirás vivirá viviremos viviréis vivirán	**未来完了 FUTURO PERFECTO** habré vivido habrás vivido habrá vivido habremos vivido habréis vivido habrán vivido
	過去未来 CONDICIONAL SIMPLE viviría vivirías viviría viviríamos viviríais vivirían	**過去未来完了 CONDICIONAL COMPUESTO** habría vivido habrías vivido habría vivido habríamos vivido habríais vivido habrían vivido

Gramática

第3活用: VIVIR 住む TERCERA CONJUGACIÓN: VIVIR	
(*abrir* 開ける, *escribir* 書く, *partir* 割る、分割する…)	

人称変化 FORMAS PERSONALES	
単純時制 FORMAS SIMPLES	複合時制 FORMAS COMPUESTAS

接続法 SUBJUNTIVO

単純時制 FORMAS SIMPLES	複合時制 FORMAS COMPUESTAS
現在 **PRESENTE**	現在完了 **PRETÉRITO PERFECTO**
viva	haya vivido
vivas	hayas vivido
viva	haya vivido
vivamos	hayamos vivido
viváis	hayáis vivido
vivan	hayan vivido
過去 **PRETÉRITO IMPERFECTO**	過去完了 **PRETÉRITO PLUSCUAMPERFECTO**
viviera / viviese	hubiera / hubiese vivido
vivieras / vivieses	hubieras / hubieses vivido
viviera / viviese	hubiera / hubiese vivido
viviéramos / viviésemos	hubiéramos / hubiésemos vivido
vivierais / vivieseis	hubierais / hubieseis vivido
vivieran / viviesen	hubieran / hubiesen vivido

命令 IMPERATIVO

(Tú) → vive / no vivas
(Usted) → viva / no viva
(Vosotros/as) → vivid / no viváis
(Ustedes) → vivan / no vivan

15. よく使う不規則活用動詞 Verbos irregulares (de uso frecuente)

TENER 持つ

直説法 INDICATIVO		接続法 SUBJUNTIVO	
現在 **PRESENTE**	点過去 **PRETÉRITO INDEFINIDO**	現在 **PRESENTE**	過去 **PRETÉRITO IMPERFECTO**
tengo	tuve	tenga	tuviera / tuviese
tienes	tuviste	tengas	tuvieras / tuvieses
tiene	tuvo	tenga	tuviera / tuviese
tenemos	tuvimos	tengamos	tuviéramos / tuviésemos
tenéis	tuvisteis	tengáis	tuvierais / tuvieseis
tienen	tuvieron	tengan	tuvieran / tuviesen
未来 **FUTURO**	過去未来 **CONDICIONAL SIMPLE**	命令 IMPERATIVO	
tendré	tendría	ten / no tengas	
tendrás	tendrías	tenga / no tenga	
tendrá	tendría	tened / no tengáis	
tendremos	tendríamos	tengan / no tengan	
tendréis	tendríais		
tendrán	tendrían		

HACER する、作る

直説法 INDICATIVO		接続法 SUBJUNTIVO	
現在 **PRESENTE**	点過去 **PRETÉRITO INDEFINIDO**	現在 **PRESENTE**	過去 **PRETÉRITO IMPERFECTO**
hago	hice	haga	hiciera / hiciese
haces	hiciste	hagas	hicieras / hicieses
hace	hizo	haga	hiciera / hiciese
hacemos	hicimos	hagamos	hiciéramos / hiciésemos
hacéis	hicisteis	hagáis	hicierais / hicieseis
hacen	hicieron	hagan	hicieran / hiciesen
未来 **FUTURO**	過去未来 **CONDICIONAL SIMPLE**	命令 IMPERATIVO	過去分詞 PARTICIPIO
haré	haría	haz / no hagas	hecho
harás	harías	haga / no haga	
hará	haría	haced / no hagáis	
haremos	haríamos	hagan / no hagan	
haréis	haríais		
harán	harían		

IR 行く

直説法 INDICATIVO			接続法 SUBJUNTIVO	
現在 **PRESENTE**	線過去 **PRETÉRITO IMPERFECTO**	点過去 **PRETÉRITO INDEFINIDO**	現在 **PRESENTE**	過去 **PRETÉRITO IMPERFECTO**
voy			vaya	
vas	iba	fui	vayas	fuera / fuese
va	ibas	fuiste	vaya	fueras / fueses
vamos	iba	fue	vayamos	fuera / fuese
vais	íbamos	fuimos	vayáis	fuéramos / fuésemos
van	ibais	fuisteis	vayan	fuerais / fueseis
	iban	fueron		fueran / fuesen

命令 IMPERATIVO	現在分詞 GERUNDIO
ve / no vayas	yendo
vaya / no vaya	
id / no vayáis	
vayan / no vayan	

SALIR 出る、外出する

直説法 INDICATIVO			接続法 SUBJUNTIVO	命令 IMPERATIVO
現在 **PRESENTE**	未来形 **FUTURO**	過去未来 **CONDICIONAL SIMPLE**	過去 **PRESENTE**	sal / no salgas
salgo	saldré	saldría	salga	salga / no salga
sales	saldrás	saldrías	salgas	salid / no salgáis
sale	saldrá	saldría	salga	salgan / no salgan
salimos	saldremos	saldríamos	salgamos	
salís	saldréis	saldríais	salgáis	
salen	saldrán	saldríais	salgan	
		saldrían		

ACOSTARSE 寝る

直説法 INDICATIVO	接続法 SUBJUNTIVO	命令 IMPERATIVO
現在 **PRESENTE**	現在 **PRESENTE**	acuéstate / no te acuestes
me acuesto	me acueste	acuéstese / no se acueste
te acuestas	te acuestes	acostaos / no os acostéis
se acuesta	se acueste	acuéstense / no se acuesten
nos acostamos	nos acostemos	
os acostáis	os acostéis	
se acuestan	se acuesten	

DORMIR 眠る

直説法 INDICATIVO		接続法 SUBJUNTIVO	
現在 **PRESENTE**	点過去 **RETÉRITO INDEFINIDO**	現在 **PRESENTE**	過去 **PRETÉRITO IMPERFECTO**
duermo		duerma	durmiera / durmiese
duermes	dormí	duermas	durmieras /durmieses
duerme	dormiste	duerma	durmiera / durmiese
dormimos	durmió	durmamos	durmiéramos / durmiésemos
dormís	dormimos	durmáis	durmierais / durmieseis
duermen	dormisteis	duerman	durmieran / durmiesen
	durmieron		

命令 IMPERATIVO	現在分詞 GERUNDIO
duerme / no duermas	durmiendo
duerma / no duerma	
dormid / no durmáis	
duerman / no duerman	

dormirと同じように活用する動詞 Como *dormir* se conjuga también:
morir.

VOLVER 戻る

直説法 INDICATIVO	接続法 SUBJUNTIVO	命令 IMPERATIVO	過去分詞 PARTICIPIO
現在 **PRESENTE**	現在 **PRESENTE**	vuelve / no vuelvas	vuelto
vuelvo	vuelva	vuelva / no vuelva	
vuelves	vuelvas	volved / no volváis	
vuelve	vuelva	vuelvan / no vuelvan	
volvemos	volvamos		
volvéis	volváis		
vuelven	vuelvan		

volverと同じように活用する動詞 Como *volver* se conjugan también:

acordarse, acostarse, contar, colgar, doler, encontrar, encontrarse, llover, morder, mostrar, mover, recordar, sonar, soñar, torcer, volar, etc.

JUGAR 遊ぶ、スポーツをする

直説法 INDICATIVO	接続法 SUBJUNTIVO	命令 IMPERATIVO
現在 **PRESENTE**	現在 **PRESENTE**	juega / no juegues
juego	juegue	juegue / no juegue
juegas	juegues	jugad / no juguéis
juega	juegue	jueguen / no jueguen
jugamos	juguemos	
jugáis	juguéis	
juegan	jueguen	

PENSAR 考える

直説法 INDICATIVO	接続法 SUBJUNTIVO	命令 IMPERATIVO
現在 **PRESENTE**	現在 **PRESENTE**	piensa / no pienses
pienso	piense	piense / no piense
piensas	pienses	pensad / no penséis
piensa	piense	piensen / no piensen
pensamos	pensemos	
pensáis	penséis	
piensan	piensen	

> pensarやempezarと
> 同じように活用する動詞
> Como *pensar* y
> *empezar* se conjugan
> también:
>
> **acertar, atravesar,
> calentar, comenzar,
> despertar, entender,
> fregar, merendar,
> negar, nevar, perder,
> sentar,** etc.

EMPEZAR 始める

直説法 INDICATIVO	接続法 SUBJUNTIVO	命令 IMPERATIVO
現在 **PRESENTE**	現在 **PRESENTE**	empieza / no empieces
empiezo	empiece	empiece / no empiece
empiezas	empieces	empezad / no empecéis
empieza	empiece	empiecen / no empiecen
empezamos	empecemos	
empezáis	empecéis	
empiezan	empiecen	

VENIR 来る

直説法 INDICATIVO		接続法 SUBJUNTIVO	
現在 **PRESENTE**	点過去 **PRETÉRITO INDEFINIDO**	現在 **PRESENTE**	過去 **PRETÉRITO IMPERFECTO**
vengo	vine	venga	viniera / viniese
vienes	viniste	vengas	vinieras /vinieses
viene	vino	venga	viniera / viniese
venimos	vinimos	vengamos	viniéramos / viniésemos
venís	vinisteis	vengáis	vinierais / vinieseis
vienen	vinieron	vengan	vinieran / viniesen
未来 **FUTURO**	過去未来 **CONDICIONAL SIMPLE**	命令 IMPERATIVO	現在分詞 GERUNDIO
vendré	vendría	ven / no vengas	viniendo
vendrás	vendrías	venga / no venga	
vendrá	vendría	venid / no vengáis	
vendremos	vendríamos	vengan / no vengan	
vendréis	vendríais		
vendrán	vendrían		

TRAER 持って来る

直説法 INDICATIVO		接続法 SUBJUNTIVO	
現在 **PRESENTE**	点過去 **PRETÉRITO INDEFINIDO**	現在 **PRESENTE**	過去 **PRETÉRITO IMPERFECTO**
traigo	traje	traiga	trajera / trajese
traes	trajiste	traigas	trajeras / trajeses
trae	trajo	traiga	trajera / trajese
traemos	trajimos	traigamos	trajéramos /trajésemos
traéis	trajisteis	traigáis	trajerais / trajeseis
traen	trajeron	traigan	trajeran / trajesen

命令 IMPERATIVO	現在分詞 GERUNDIO
trae / no traigas	trayendo
traiga / no traiga	
traed / no traigáis	
traigan / no traigan	

QUERER 欲する、〜したい、愛する

直説法 INDICATIVO		接続法 SUBJUNTIVO	
現在 **PRESENTE**	点過去 **PRETÉRITO INDEFINIDO**	現在 **PRESENTE**	過去 **PRETÉRITO IMPERFECTO**
quiero	quise	quiera	quisiera / quisiese
quieres	quisiste	quieras	quisieras / quisieses
quiere	quiso	quiera	quisiera / quisiese
queremos	quisimos	queramos	quisiéramos /quisiésemos
queréis	quisisteis	queráis	quisierais /quisieseis
quieren	quisieron	quieran	quisieran / quisiesen

未来形 **FUTURO**	過去未来 **CONDICIONAL SIMPLE**	命令 IMPERATIVO	
querré	querría	quiere / no quieras	
querrás	querrías	quiera / no quiera	
querrá	querría	quered / no queráis	
querremos	querríamos	quieran / no quieran	
querréis	querríais		
querrán	querrían		

PREFERIR 好む、〜の方を好む

直説法 INDICATIVO		接続法 SUBJUNTIVO	
現在 **PRESENTE**	点過去 **PRETÉRITO INDEFINIDO**	現在 **PRESENTE**	過去 **PRETÉRITO IMPERFECTO**
prefiero	preferí	prefiera	prefiriera / prefiriese
prefieres	preferiste	prefieras	prefirieras / prefirieses
prefiere	prefirió	prefiera	prefiriera / prefiriese
preferimos	preferimos	prefiramos	prefiriéramos / prefiriésemos
preferís	preferisteis	prefiráis	prefirierais /prefirieseis
prefieren	prefirieron	prefieran	prefirieran / prefiriesen

命令 IMPERATIVO	現在分詞 GERUNDIO
prefiere / no prefieras	prefiriendo
prefiera / no prefiera	
preferid / no prefiráis	
prefieran / no prefieran	

SABER 知る、知っている

直説法 INDICATIVO		接続法 SUBJUNTIVO	
現在 **PRESENTE**	点過去 **PRETÉRITO INDEFINIDO**	現在 **PRESENTE**	過去 **PRETÉRITO IMPERFECTO**
sé	supe	sepa	supiera /supiese
sabes	supiste	sepas	supieras / supieses
sabe	supo	sepa	supiera /supiese
sabemos	supimos	sepamos	supiéramos / supiésemos
sabéis	supisteis	sepáis	supierais / supieseis
saben	supieron	sepan	supieran / supiesen

未来形 **FUTURO**	過去未来 **CONDICIONAL SIMPLE**	命令 IMPERATIVO
sabré	sabría	sabe / no sepas
sabrás	sabrías	sepa / no sepa
sabrá	sabría	sabed / no sepáis
sabremos	sabríamos	sepan / no sepan
sabréis	sabríais	
sabrán	sabrían	

PODER 〜できる

直説法 INDICATIVO		接続法 SUBJUNTIVO	
現在 **PRESENTE**	点過去 **PRETÉRITO INDEFINIDO**	現在 **PRESENTE**	過去 **PRETÉRITO IMPERFECTO**
puedo	pude	pueda	pudiera / pudiese
puedes	pudiste	puedas	pudieras / pudieses
puede	pudo	pueda	pudiera / pudiese
podemos	pudimos	podamos	pudiéramos / pudiésemos
podéis	pudisteis	podáis	pudierais / pudieseis
pueden	pudieron	puedan	pudieran / pudiesen

未来形 **FUTURO**	過去未来 **CONDICIONAL SIMPLE**	現在分詞 GERUNDIO
podré	podría	pudiendo
podrás	podrías	
podrá	podría	
podremos	podríamos	
podréis	podríais	
podrán	podrían	

PONER 置く

直説法 INDICATIVO		接続法 SUBJUNTIVO	
現在 **PRESENTE**	点過去 **PRETÉRITO INDEFINIDO**	現在 **PRESENTE**	過去 **PRETÉRITO IMPERFECTO**
pongo	puse	ponga	pusiera / pusiese
pones	pusiste	pongas	pusieras / pusieses
pone	puso	ponga	pusiera / pusiese
ponemos	pusimos	pongamos	pusiéramos / pusiésemos
ponéis	pusisteis	pongáis	pusierais / pusieseis
ponen	pusieron	pongan	pusieran / pusiesen

命令 IMPERATIVO	過去分詞 PARTICIPIO
pon / no pongas	puesto
ponga / no ponga	
poned / no pongáis	
pongan / no pongan	

ENCONTRARSE 見つける、〈ある場所に〉...いる、ある

直説法 INDICATIVO	接続法 SUBJUNTIVO	命令 IMPERATIVO
現在 PRESENTE	**現在 PRESENTE**	encuéntrate / no te encuentres
me encuentro	me encuentre	encuéntrese / no se encuentre
te encuentras	te encuentres	encontraos / no os encontréis
se encuentra	se encuentre	encuéntrense / no se encuentren
nos encontramos	nos encontremos	
os encontráis	os encontréis	
se encuentran	se encuentren	

*encontrarse*と同じように活用する動詞

Como *encontrase* se conjugan también:

acordarse, acostarse, contar, colgar, doler, encontrar, llover, morder, mostrar, mover, recordar, sonar, soñar, torcer, volar, volver, etc.

SENTIR(SE) 感じる

直説法 INDICATIVO		接続法 SUBJUNTIVO	
現在 PRESENTE	**点過去 PRETÉRITO INDEFINIDO**	**現在 PRESENTE**	**過去 PRETÉRITO IMPERFECTO**
(me) siento	(me) sentí	(me) sienta	(me) sintiera / sintiese
(te) sientes	(te) sentiste	(te) sientas	(te) sintieras / sintieses
(se) siente	(se) sintió	(se) sienta	(se) sintiera / sintiese
(nos) sentimos	(nos) sentimos	(nos) sintamos	(nos) sintiéramos / sintiésemos
(os) sentís	(os) sentisteis	(os) sintáis	(os) sintierais / sintieseis
(se) sienten	(se) sintieron	(se) sientan	(se) sintieran / sintiesen

命令 IMPERATIVO	現在分詞 GERUNDIO
siente / no sientas	sintiendo
sienta / no sienta	
sentid / no sintáis	
sientan / no sientan	

*sentir*と同じように活用する動詞

Como *sentir* se conjugan también:

advertir, divertir, herir, mentir, etc.

DAR 与える

直説法 INDICATIVO		接続法 SUBJUNTIVO	
現在 PRESENTE	**点過去 PRETÉRITO INDEFINIDO**	**現在 PRESENTE**	**過去 PRETÉRITO IMPERFECTO**
doy	di	dé	diera / diese
das	diste	des	dieras / dieses
da	dio	dé	diera / diese
damos	dimos	demos	diéramos /diésemos
dais	disteis	deis	dierais / dieseis
dan	dieron	den	dieran /diesen

命令 IMPERATIVO
da / no des
dé / no dé
dad / no deis
den / no den

DECIR 言う

直説法 INDICATIVO		接続法 SUBJUNTIVO	
現在 PRESENTE	**点過去 PRETÉRITO INDEFINIDO**	**現在 PRESENTE**	**過去 PRETÉRITO IMPERFECTO**
digo	dije	diga	dijera / dijese
dices	dijiste	digas	dijeras / dijeses
dice	dijo	diga	dijera / dijese
decimos	dijimos	digamos	dijéramos / dijésemos
decís	dijisteis	digáis	dijerais / dijeseis
dicen	dijeron	digan	dijeran / dijesen

未来 FUTURO	**過去未来 CONDICIONAL SIMPLE**	命令 IMPERATIVO	現在分詞 GERUNDIO
diré	diría	di / no digas	diciendo
dirás	dirías	diga / no diga	
dirá	diría	decid / no digáis	過去分詞 PARTICIPIO
diremos	diríamos	digan / no digan	dicho
diréis	diríais		
dirán	dirían		

LEER 読む

直説法 INDICATIVO	接続法 SUBJUNTIVO	現在分詞 GERUNDIO
点過去 PRETÉRITO INDEFINIDO	**線過去 PRETÉRITO IMPERFECTO**	leyendo
leí	leyera / leyese	
leíste	leyeras / leyeses	
leyó	leyera / leyese	
leímos	leyéramos / leyésemos	
leísteis	leyerais / leyeseis	
leyeron	leyeran / leyesen	

OÍR 聞く

直説法 INDICATIVO		接続法 SUBJUNTIVO	
現在 PRESENTE	**点過去 PRETÉRITO INDEFINIDO**	**現在 PRESENTE**	**過去 PRETÉRITO IMPERFECTO**
oigo	oí	oiga	oyera / oyese
oyes	oíste	oigas	oyeras / oyeses
oye	oyó	oiga	oyera / oyese
oímos	oímos	oigamos	oyéramos / oyésemos
oís	oísteis	oigáis	oyerais / oyeseis
oyen	oyeron	oigan	oyeran / oyesen

命令 IMPERATIVO	現在分詞 GERUNDIO
oye / no oigas	oyendo
oiga / no oiga	
oíd / no oigáis	
oigan / no oigan	

PARECER 〜のように見える、〜らしい

直説法 INDICATIVO	接続法 SUBJUNTIVO
現在 **PRESENTE** parezco pareces parece parecemos parecéis parecen	**現在** **PRESENTE** parezca parezcas parezca parezcamos parezcáis parezcan

*parecer*と同じように活用する動詞 Como *parecer* se conjuga también:
conocer.

PEDIR 頼む、注文する

直説法 INDICATIVO		接続法 SUBJUNTIVO	
現在 **PRESENTE**	**点過去** **PRETÉRITO** **INDEFINIDO**	**現在** **PRESENTE**	**過去** **PRETÉRITO IMPERFECTO**
pido	pedí	pida	pidiera / pidiese
pides	pediste	pidas	pidieras / pidieses
pide	pidió	pida	pidiera / pidiese
pedimos	pedimos	pidamos	pidiéramos /pidiésemos
pedís	pedisteis	pidáis	pidierais / pidieseis
piden	pidieron	pidan	pidieran / pidiesen

命令 IMPERATIVO	現在分詞 GERUNDIO
pide / no pidas pida / no pida pedid / no pidáis pidan / no pidan	pidiendo

*pedir*と同じように活用する動詞 Como *pedir* se conjugan también: **competir, conseguir, elegir, medir, repetir, seguir, vestir,** etc.

CONDUCIR 運転する、導く

直説法 INDICATIVO		接続法 SUBJUNTIVO	
現在 **PRESENTE**	**点過去** **PRETÉRITO** **INDEFINIDO**	**現在** **PRESENTE**	**過去** **PRETÉRITO IMPERFECTO**
conduzco	conduje	conduzca	condujera / condujese
conduces	condujiste	conduzcas	condujeras / condujeses
conduce	condujo	conduzca	condujera / condujese
conducimos	condujimos	conduzcamos	condujéramos / condujésemos
conducís	condujisteis	conduzcáis	condujerais / condujeseis
conducen	condujisteis condujeron	conduzcan	condujeran / condujesen

命令 IMPERATIVO
conduce / no conduzcas conduzca / no conduzca conducid / no conduzcáis conduzcan / no conduzcan

*conducir*と同じように活用する動詞 Como *conducir* se conjugan también: **producir y traducir.**

不規則な過去分詞 Estos verbos tienen irregular el participio:

ABRIR	→	abierto	開ける
ESCRIBIR	→	escrito	書く
ROMPER	→	roto	壊す
HACER	→	hecho	行う、作る
DECIR	→	dicho	言う
VER	→	visto	見る
VOLVER	→	vuelto	戻る、裏返す
PONER	→	puesto	置く

＊これらの動詞について
詳しくは11課のG.15を参照

［イラスト］藤井美智子

［写真提供］iStock
　　　　　　Shutterstock

Editorial Asahi y los autores de la versión japonesa de este libro expresan su agradecimiento por la colaboración prestada a:
－ Excmo. Sr. Vecerrector de Política Académica y Participación Social de la Universidad de Salamanca
－ Director de Ediciones Universidad de Salamanca
－ M. Antonio Sánchez Sacristán (Ediciones Universidad de Salamanca)
－ Hiroto Akahori
－ Erina Maruyama
－ Hiromi Miyashita
－ Nene Sato
－ Takuya Sato
－ Naomi Seki

エレラボA1-A2

検印
省略

©2020年1月30日　初 版 発 行
2023年2月15日　第 2 刷発行

著　者　　　ファン フェリペ ガルシア サントス
　　　　　　Juan Felipe García Santos

　　　　　　グロリア ガルシア カタラン
　　　　　　Gloria García Catalán

　　　　　　アルバ マリア エルナンデス マルティン
　　　　　　Alba Mª Hernández Martín

　　　　　　アントニオ レ
　　　　　　Antonio Re

　　　　　　エンリケ アルマラス ロモ
　　　　　　Enrique Almaraz Romo

　　　　　　濱松　法子
　　　　　　Noriko Hamamatsu

　　　　　　安富　雄平
　　　　　　Yuhei Yasutomi

発行者　　　原　　雅　久

発行所　　　株式会社 朝 日 出 版 社
　　　　　　〒101-0065 東京都千代田区西神田3-3-5
　　　　　　TEL (03) 3239-0271・72（直通）
　　　　　　振替口座 東京 00140-2-46008
　　　　　　http://www.asahipress.com/
　　　　　　メディアアート/図書印刷